TRANSFORMADOS PARA SERVIR

Viviendo el Llamado de Cristo en la Práctica Diaria

Diego Colon Batiz

Prólogo de Dr Yattenciy Bonilla

ISBN: 979-8-9933302-8-0
Library of Congress Control Number: 2026904040
Publicadora 'Diego Colon Ministries'.
Teléfono: 407-900-1995
Email: pastor.diegocolon@gmail.com
Orlando, Florida, EE. UU

Creado por: Diego Colon Ministries
Diseños: Diego Colón

Dedicación

Dedico este libro, en primer lugar, a mi Señor Jesucristo, el Siervo por excelencia, quien me mostró con su ejemplo que el verdadero liderazgo se ejerce sirviendo. Todo lo que soy y todo lo que escribo es para su gloria.

Lo dedico también a mi familia, que ha sido mi primera congregación, mi mayor inspiración y mi apoyo constante. Gracias por permitirme servirles y por enseñarme que el servicio comienza en casa.

Finalmente, lo dedico a cada creyente, líder y ministro que ha sentido el peso de servir y quizás se ha cansado en el camino. Que estas páginas sean un aliento fresco que los impulse a seguir adelante con nuevas fuerzas, recordando que vuestro trabajo en el Señor no es en vano.

Prologo

Este libro aborda un tema indispensable en la vida cristiana: el servicio conforme al modelo de Jesús. La obra confronta la manera en que esta práctica espiritual ha sido, en muchos casos, mal entendida o utilizada con motivaciones incorrectas.

A partir de un fundamento bíblico sólido, el Obispo Diego Colón Batiz presenta el servicio no como una opción secundaria, sino como una expresión esencial de una vida transformada por Cristo. El libro invita a revisar las motivaciones del corazón y la forma en que se vive el llamado al servicio.

La obra muestra que servir no es simplemente una actividad, sino una convicción profunda que se refleja en la práctica diaria. De esta manera, el libro llama al creyente a vivir el servicio como parte integral de su identidad cristiana y de su testimonio ante los demás.

Yattenciy Bonilla

Prefacio

Escribir este libro nace de una carga pastoral muy personal. Después de años de ministrar en la iglesia y caminar junto a creyentes en diferentes etapas de su vida espiritual, he visto un patrón que se repite: muchos sirven, pero no siempre lo hacen desde un corazón transformado. Algunos lo hacen por obligación, otros por presión de su entorno, y otros incluso por buscar reconocimiento. Sin embargo, el llamado de Cristo es más profundo: Él nos invita a ser transformados para servir, a que el servicio sea fruto de una relación viva con Él y no un simple acto religioso.

El propósito de estas páginas es ayudar a cada lector a descubrir el gozo de servir desde la gratitud y no desde la culpa. No es un libro teórico ni un manual de estrategias; es una guía para alinear el corazón con el diseño de Dios. Cada capítulo está diseñado para confrontar, inspirar y formar, de manera que el servicio no sea algo pesado, sino una expresión de amor.

A lo largo de este libro, encontrarás fundamentos bíblicos sólidos, ejemplos prácticos y llamados a la acción que te invitarán a crecer. Mi oración es que cada capítulo provoque reflexión y despierte una nueva pasión por servir en el Reino de Dios. El servicio es más que una tarea: es una oportunidad para parecerse más a Cristo, quien "no vino para ser servido, sino para servir."

Este libro está escrito para iglesias, grupos pequeños, líderes y todo creyente que desea llevar su fe a la práctica. Mi anhelo es que se convierta en una herramienta de formación para una generación que sirva con excelencia, humildad y poder del Espíritu Santo, impactando no solo su congregación, sino el mundo que los rodea.

Introducción

Servir a Dios es uno de los mayores privilegios que un creyente puede experimentar. Sin embargo, en nuestra cultura acelerada y consumista, el concepto de servicio ha sido distorsionado. A veces se ve como una carga, otras como un escalón para ascender en influencia, y en ocasiones se deja para "los más espirituales." Pero la Biblia nos enseña que el servicio es parte esencial de la vida cristiana y que todos hemos sido llamados a participar en él.

El problema no es solo la falta de servicio, sino el servicio mal enfocado. Cuando servimos sin un corazón transformado, nos agotamos, nos frustramos y eventualmente abandonamos. Por eso, antes de aprender a servir mejor, debemos permitir que el Señor transforme nuestro interior. El servicio externo es el reflejo de lo que pasa en el corazón, y Dios siempre trabaja de adentro hacia afuera.

A lo largo de este libro recorreremos un proceso de formación espiritual. Veremos la importancia de la gratitud, la humildad, la perseverancia, el trabajo en unidad y la perspectiva eterna. Aprenderemos a reconocer el valor del servicio en lo oculto, a fortalecer nuestro corazón, a renovar el gozo y a dejar un legado que trascienda. Cada capítulo termina con preguntas de reflexión para ayudarte a aplicar el contenido de manera personal y práctica.

Este viaje no es para leer de prisa, sino para detenerse, orar y permitir que el Espíritu Santo hable. Mi invitación es que lo uses como herramienta de discipulado personal o grupal. Al finalizar, mi oración es que puedas decir que no solo entiendes mejor el servicio, sino que has sido transformado para servir, y que tu vida ahora es una ofrenda viva en las manos del Señor.

Tabla De Contenido

Capítulo 1

Servir por Gratitud, No por Culpa

Colosenses 3:23

"Y todo lo que hagáis, hacedlo de corazón, como para el Señor y no para los hombres."

Introducción

El servicio cristiano es uno de los mayores privilegios que Dios concede a sus hijos. Sin embargo, para muchos creyentes el servicio se convierte en una carga cuando nace de la motivación equivocada. Sirven por miedo a la desaprobación de otros, por costumbre, o porque creen que es la única forma de ganar el favor de Dios. Esta forma de servir no solo agota emocionalmente, sino que roba el gozo y convierte el ministerio en un peso insoportable. Dios no nos llamó a un servicio forzado, sino a uno que fluye de un corazón agradecido por lo que Él ha hecho en nuestra vida.

La gratitud es el combustible que enciende el motor del servicio genuino. Cuando recordamos de dónde nos sacó el Señor y cómo nos transformó, encontramos razones para servir con pasión y entrega. El servicio deja de ser un deber religioso y se convierte en una expresión de amor. Esta motivación interna es la que sostiene al siervo aun en las temporadas difíciles, cuando el reconocimiento humano brilla por su ausencia y las fuerzas parecen agotarse. Servir por gratitud nos mantiene firmes, porque no servimos a los hombres, sino al Señor.

La iglesia actual enfrenta un problema serio: muchos sirven por costumbre o por presión social. Esto produce líderes quemados, equipos resentidos y una comunidad que ve el servicio como algo obligatorio en lugar de un privilegio. Es por eso que necesitamos volver a las Escrituras y examinar las motivaciones de nuestro corazón. Servir por gratitud transforma no solo lo que hacemos, sino la manera en que lo hacemos. Nos lleva de la rutina a la adoración, de la obligación al gozo, y de la religiosidad a la verdadera relación con Dios.

¿De dónde nace tu servicio? ¿Lo haces para ser visto, para ganar aceptación o para aliviar tu conciencia? Este capítulo nos invita a examinar las motivaciones profundas que nos llevan a servir y a redescubrir el gozo de servir desde un corazón agradecido. Si dejamos que la gratitud sea el motor de nuestro servicio, encontraremos una fuente inagotable de fuerza y alegría.

La gratitud como fundamento del servicio

El punto de partida de todo servicio cristiano genuino es la gratitud. La Biblia nos recuerda que amamos a Dios porque Él nos amó primero (1 Juan 4:19). Este amor es la raíz de nuestra respuesta de obediencia y servicio. Cuando servimos por gratitud, lo hacemos en respuesta a la gracia inmerecida que hemos recibido. No es una reacción a la presión de otros ni una estrategia para ganar puntos espirituales, sino un acto de adoración que brota del corazón. Este tipo de servicio no depende de las circunstancias externas, sino de una convicción interna.

Un corazón agradecido entiende que todo lo que tiene y es proviene de Dios. El salmista expresó: "Bendice, alma mía, a Jehová, y no olvides ninguno de sus beneficios" (Salmo 103:2). Recordar constantemente los beneficios de Dios mantiene nuestro corazón en la posición correcta para servir. La gratitud evita que el servicio se vuelva mecánico, porque nos recuerda por qué comenzamos. Cada acto de servicio se convierte en una oportunidad para devolver, aunque de manera simbólica, algo de lo mucho que hemos recibido.

Cuando el servicio se basa en la gratitud, el cansancio no tiene la última palabra. Aunque haya sacrificio, el corazón se mantiene en paz porque sabe que todo lo que hace es para honrar al Señor. La gratitud le da significado incluso a las tareas más sencillas. Preparar un café en la iglesia, saludar a alguien en la puerta, o enseñar a los niños dejan de ser simples actividades y se convierten en actos de adoración. La motivación correcta convierte lo ordinario en extraordinario.

Un problema común en la iglesia es el olvido de la gracia. Cuando olvidamos de dónde nos sacó Dios, comenzamos a servir por inercia y terminamos agotados. La gratitud es el antídoto contra la rutina. Nos mantiene frescos, apasionados y conscientes de que todo es un privilegio. Servir deja de ser una carga y se convierte en un gozo. La gratitud alimenta la perseverancia y nos ayuda a mantenernos firmes incluso en tiempos difíciles.

Además, la gratitud es contagiosa. Cuando alguien sirve con gozo, inspira a otros a hacer lo mismo. La atmósfera en la iglesia cambia cuando el servicio nace de corazones agradecidos. En lugar de quejas y comparaciones, se genera un espíritu de unidad y entusiasmo. Cada acto de servicio se convierte en una celebración de la bondad de Dios, y esto atrae a otros a participar.

Finalmente, la gratitud nos recuerda que el servicio no es un favor que le hacemos a Dios, sino una respuesta de adoración. Él es digno de todo lo que podamos darle. Cuando entendemos esto, no necesitamos que nos rueguen ni que nos aplaudan; servimos porque no podemos quedarnos callados ante tanta misericordia. El servicio deja de ser una carga y se transforma en un privilegio que abrazamos con alegría.

El peligro de servir por culpa

Servir por culpa es uno de los mayores peligros para el creyente. La culpa puede motivar a la acción, pero no puede sostenernos a largo plazo. Cuando servimos para aliviar la conciencia o para "pagar" nuestras fallas, terminamos en un ciclo de agotamiento y frustración. Dios no nos llamó a servir para redimirnos, sino porque ya hemos sido redimidos. La cruz es suficiente; nuestro servicio no añade nada a nuestra justificación, sino que es fruto de ella.

El apóstol Pablo fue claro cuando escribió: "Por gracia sois salvos por medio de la fe... no por obras, para que nadie se gloríe" (Efesios 2:8-9). Servir por culpa es, en cierto modo, intentar añadir algo a la obra perfecta de Cristo. Esto produce legalismo y resentimiento, porque la persona siente que nunca hace suficiente. En lugar de disfrutar el servicio, vive en constante comparación y ansiedad. Esto no glorifica a Dios ni edifica a la iglesia.

El servicio motivado por culpa también genera cansancio emocional. La persona siente que su identidad depende de lo que hace, no de lo que es en Cristo. Cuando recibe reconocimiento, se siente en paz, pero cuando no lo recibe, se frustra y se amarga. El ministerio se convierte en una carga en lugar de un gozo. Con el tiempo, esto puede llevar a abandonar el servicio por completo o a servir con un espíritu crítico.

Además, servir por culpa puede generar conflictos en la comunidad. Las personas que sirven con esta motivación tienden a juzgar a los que no sirven de la misma manera. Creen que todos deben hacer lo mismo que ellos y se enojan cuando otros no cumplen sus expectativas. Esto rompe la unidad del cuerpo de Cristo y crea un ambiente de tensión en lugar de amor y colaboración.

Por eso es vital revisar nuestras motivaciones. Si descubrimos que estamos sirviendo por miedo, obligación o culpa, es tiempo de llevar ese peso a la cruz. Cristo no quiere que sirvamos cargados, sino libres. Él mismo dijo: "Venid a mí todos los que estáis trabajados y cargados, y yo os haré descansar" (Mateo 11:28). El servicio que agrada a Dios es aquel que fluye de un corazón libre y agradecido.

Servir por gratitud, en cambio, trae descanso al alma. Nos libera de la necesidad de impresionar a otros y nos permite servir para la gloria de Dios. El servicio se convierte en una respuesta de amor, no en una penitencia. Cuando entendemos esto, encontramos verdadera satisfacción en lo que hacemos, sin importar si otros lo reconocen o no.

Jesús: modelo de servicio voluntario

Jesús es nuestro mayor ejemplo de servicio voluntario. Él no fue forzado a dejar su trono de gloria; lo hizo por amor. "Haya, pues, en vosotros este sentir que hubo también en Cristo Jesús… el cual, siendo en forma de Dios, no estimó el ser igual a Dios como cosa a que aferrarse" (Filipenses 2:5-6). Su servicio fue un acto deliberado, una decisión consciente de obedecer al Padre para nuestra redención. No lo hizo para ganar el amor del Padre, sino porque ya vivía en perfecta comunión con Él.

El ministerio de Jesús estuvo marcado por actos de servicio que desafiaban la lógica de su tiempo. Lavó los pies de sus discípulos, tocó a los leprosos, sanó a los marginados y se detuvo a escuchar a los rechazados. Cada uno de estos actos fue un reflejo de su amor desinteresado. Jesús no buscaba reconocimiento humano; su meta era cumplir la voluntad del Padre. Este es el modelo que debemos seguir en nuestro servicio.

Servir como Jesús implica renunciar al ego y abrazar la humildad. En una cultura que valora el poder y la posición, el servicio voluntario es contracultural. Jesús nos enseñó que el verdadero liderazgo es servicial, no autoritario. Cuando servimos siguiendo su ejemplo, no buscamos ser los primeros, sino los últimos. Este tipo de servicio transforma comunidades y refleja el Reino de Dios en la tierra.

El ejemplo de Jesús también nos recuerda que el servicio requiere sacrificio. No siempre será cómodo ni conveniente. Habrá momentos en que servir signifique interrumpir nuestros planes, ceder nuestro tiempo y recursos, e incluso soportar incomprensión. Sin embargo, el fruto de este servicio es glorioso, porque produce vidas transformadas y honra al Padre.

Además, Jesús nos mostró que el servicio voluntario tiene un impacto eterno. Cada acto de compasión, por pequeño que parezca, tiene valor en el Reino. "De cierto os digo que en cuanto lo hicisteis a uno de estos mis hermanos más pequeños, a mí lo hicisteis" (Mateo 25:40). Servir es, en realidad, servir a Cristo mismo. Esta perspectiva cambia todo y nos da fuerzas para seguir adelante aun cuando nadie lo nota.

Por último, seguir el modelo de Jesús nos asegura que no estamos solos en nuestro servicio. Él mismo prometió estar con nosotros hasta el fin del mundo (Mateo 28:20). Su Espíritu nos capacita, nos guía y nos sostiene en cada acto de servicio. De esta manera, el servicio deja de ser una carga humana y se convierte en una colaboración divina.

El gozo de servir con un corazón correcto

Cuando la motivación es correcta, el servicio se convierte en fuente de gozo. Este gozo no depende de circunstancias externas, sino de la comunión con Dios. Jesús dijo: "Más bienaventurado es dar que recibir" (Hechos 20:35). Dar de nuestro tiempo, talentos y recursos produce una satisfacción que nada en este mundo puede igualar. Es el gozo de sabernos útiles en las manos de Dios.

El gozo de servir nos libra de la amargura y del desánimo. Cuando entendemos que servimos para el Señor, dejamos de obsesionarnos con el reconocimiento humano. La opinión de los demás deja de ser nuestra fuente de motivación. Incluso si nadie nos agradece o reconoce, sabemos que nuestro Padre celestial lo ve todo. Esto trae libertad y paz al corazón.

Además, el gozo de servir es una herramienta poderosa de testimonio. Las personas son atraídas por aquellos que sirven con alegría. Un creyente que sirve con gozo refleja el carácter de Cristo y abre puertas para que otros conozcan el evangelio. La alegría en el servicio es contagiosa y puede encender un avivamiento en la comunidad de fe.

El gozo también nos ayuda a perseverar. Habrá días difíciles, pero el gozo del Señor es nuestra fuerza (Nehemías 8:10). Este gozo nos sostiene cuando las fuerzas físicas se agotan. Nos recuerda que el servicio no es en vano y que cada esfuerzo cuenta para la eternidad. Con esta perspectiva, podemos seguir sirviendo con pasión, aun en medio de las pruebas.

Es importante cultivar este gozo intencionalmente. Esto significa cuidar nuestra relación con Dios, mantenernos en oración y rodearnos de personas que también sirvan con alegría. El gozo no es automático; se alimenta de la presencia de Dios. Un corazón agradecido y en comunión con Él es un corazón que sirve con regocijo.

Por último, el gozo de servir nos prepara para la eternidad. Un día escucharemos las palabras del Maestro: "Bien, buen siervo y fiel" (Mateo 25:21). Ese será el mayor gozo de todos, saber que nuestro servicio fue agradable a Dios. Vivir con esa expectativa nos motiva a servir con excelencia hoy.

Renovando la motivación

La motivación para servir debe ser renovada constantemente. Con el tiempo, incluso el corazón más agradecido puede enfriarse si no se mantiene conectado a la fuente. Es por eso que debemos volver una y otra vez a la cruz. Recordar el sacrificio de Cristo renueva nuestro amor y nos impulsa a seguir sirviendo. Cada vez que meditamos en el evangelio, nuestra motivación es purificada y fortalecida.

La oración es una herramienta esencial para renovar la motivación. Pasar tiempo en la presencia de Dios nos permite alinear nuestro corazón con el suyo. En esos momentos, el Espíritu Santo nos revela si hemos perdido el enfoque y nos ayuda a recuperarlo. La oración transforma el cansancio en fortaleza y el desánimo en esperanza. Es el lugar donde el siervo cansado encuentra nuevas fuerzas.

También necesitamos rodearnos de personas que nos animen. La comunidad de fe es un regalo de Dios para ayudarnos a mantenernos firmes. Cuando compartimos nuestras cargas y celebramos juntos los frutos del servicio, nuestra motivación se renueva. No fuimos llamados a servir solos; el cuerpo de Cristo se fortalece cuando caminamos en unidad.

Otra manera de renovar la motivación es celebrar los pequeños logros. Agradecer a Dios por cada avance, por cada vida tocada, nos ayuda a recordar que vale la pena servir. La gratitud alimenta la perseverancia. Cada testimonio es una evidencia de que Dios está obrando y nos impulsa a seguir adelante con entusiasmo.

Por último, es importante revisar nuestras prioridades regularmente. El servicio puede convertirse en activismo si no cuidamos nuestra vida espiritual. Pasar tiempo en la Palabra y en adoración nos ayuda a mantener el enfoque. El objetivo no es solo hacer cosas para Dios, sino hacerlo en comunión con Él. Cuando mantenemos esta perspectiva, el servicio se mantiene fresco y lleno de significado.

Renovar la motivación no es un evento único, sino un proceso continuo. Cada día es una nueva oportunidad para recordar por qué servimos y para hacerlo con pasión. De esta manera, evitamos que el servicio se convierta en una carga y mantenemos viva la llama del primer amor.

Conclusión

Servir por gratitud y no por culpa es el fundamento de un ministerio sano y fructífero. Cuando la motivación nace del amor y la gratitud, el servicio deja de ser un peso y se convierte en una expresión de adoración. La iglesia necesita hombres y mujeres que sirvan desde esta posición, porque solo así se construyen comunidades saludables y llenas de vida. Un servicio motivado por la gratitud honra a Dios y bendice a las personas.

Este capítulo nos desafía a examinar nuestras motivaciones. ¿Estamos sirviendo para ganar aprobación humana, para calmar la conciencia, o como respuesta a la gracia de Dios? Esta confrontación es necesaria para crecer. Si descubrimos que nuestra motivación está equivocada, podemos llevarla al Señor y pedirle que renueve nuestro corazón. Él es fiel para restaurar el gozo de servir.

El llamado es claro: volvamos a la gratitud como motor de nuestro servicio. Que cada tarea, grande o pequeña, sea una ofrenda de amor al Señor. Si servimos con gratitud, encontraremos fuerza en medio del cansancio, gozo en medio de las pruebas y esperanza para seguir adelante. Así, nuestro servicio dejará un impacto eterno y glorificará al Dios que nos llamó.

Preguntas de Reflexión

1. ¿Qué emociones predominan en mi corazón cuando sirvo: gozo, obligación o culpa?

2. ¿De qué manera recordar la cruz de Cristo puede renovar mi motivación para servir?

3. ¿He caído en el activismo, sirviendo sin tiempo para cultivar mi relación con Dios?

4. ¿Cómo puedo cultivar un espíritu de gratitud diaria que alimente mi servicio?

5. ¿Qué ajustes prácticos puedo hacer esta semana para servir con alegría y no por presión?

Capítulo 2

El Modelo de Jesús y los Apóstoles

Mateo 20:28
"El Hijo del Hombre no vino para ser servido, sino para servir, y para dar su vida en rescate por muchos."

Introducción

El servicio cristiano no es una invención humana ni una estrategia eclesiástica; es el mismo corazón de Cristo en acción. Si queremos entender lo que significa servir, debemos mirar a Jesús, quien no solo enseñó sobre el servicio, sino que lo vivió en cada detalle de su vida. Su ejemplo no fue ocasional ni circunstancial; fue un estilo de vida. Desde el pesebre hasta la cruz, toda su existencia fue un acto de entrega. Él no vino para ocupar un trono en esta tierra, sino para dar su vida por nosotros.

La iglesia de hoy necesita volver a este modelo. A veces nos dejamos llevar por estrategias, programas y metodologías, y olvidamos que la verdadera base del ministerio es seguir el ejemplo de Cristo. Jesús redefinió el liderazgo al mostrarnos que el más grande es el que sirve. En un mundo que busca posiciones y prestigio, el Reino de Dios nos invita a arrodillarnos y lavar pies. Este contraste radical es lo que hace que el evangelio sea tan transformador.

Los apóstoles entendieron este llamado y se convirtieron en extensión del ministerio de Jesús. No solo predicaron sus enseñanzas, sino que las vivieron. Su ejemplo nos muestra que el servicio no termina en las palabras, sino que se demuestra en la práctica. Ellos sirvieron en medio de persecuciones, necesidades y sacrificios extremos. Su legado es un llamado a dejar la comodidad y abrazar el costo del servicio cristiano.

¿Estamos siguiendo el modelo de Jesús y los apóstoles, o hemos creado un cristianismo más cómodo y menos demandante? Este capítulo nos desafía a evaluar nuestra manera de servir y a alinear nuestro estilo de vida con el de Cristo y sus primeros discípulos. Si queremos ver el poder del evangelio manifestarse en nuestra generación, debemos volver a servir como ellos sirvieron.

Jesús, siervo por excelencia

Jesús es el estándar supremo del servicio. Su encarnación es la demostración máxima de que servir es humillarse voluntariamente por amor. "Se despojó a sí mismo, tomando forma de siervo" (Filipenses 2:7). Este despojo no fue simbólico; implicó dejar la gloria del cielo para entrar en nuestra humanidad. Cada milagro que realizó, cada enseñanza que dio, cada momento que pasó con los marginados fue parte de su servicio. Él no vino a recibir, sino a dar, y en ese dar lo entregó todo.

Su servicio fue integral. No solo se ocupó de las necesidades espirituales, sino también de las físicas y emocionales de las personas. Alimentó a los hambrientos, sanó a los enfermos, consoló a los que lloraban y restauró a los excluidos. Su compasión no tenía límites. Esta visión amplia del servicio nos muestra que Dios se interesa en el ser humano de manera completa, no solo en su alma. Servir como Jesús es atender al hombre en todas sus dimensiones.

Jesús también sirvió con ternura y firmeza. No fue débil ni complaciente; confrontó el pecado, pero siempre con el objetivo de restaurar. Esta combinación de gracia y verdad es el equilibrio perfecto para el servicio cristiano. Servir no es simplemente hacer favores, sino guiar a otros hacia la voluntad de Dios. Jesús nos enseñó que el servicio puede ser confrontativo, pero siempre debe estar motivado por el amor.

El servicio de Jesús fue voluntario, no forzado. Él mismo declaró: "Yo pongo mi vida, para volverla a tomar. Nadie me la quita" (Juan 10:17-18). Esta declaración nos muestra que el verdadero servicio es una decisión consciente. Nadie puede obligarnos a servir de corazón; debe nacer de una entrega voluntaria. Este principio es crucial para todo aquel que desea servir en el Reino de Dios.

Además, Jesús sirvió hasta el final. Su última cena fue marcada por un acto de servicio: lavó los pies de sus discípulos. Aun sabiendo que iba camino a la cruz, no dejó de servir. Este acto es una lección poderosa para nosotros. No importa cuán difícil sea nuestra situación, siempre hay oportunidad para servir. Servir hasta el final es la manera de honrar a Dios con nuestra vida.

Finalmente, Jesús no solo nos mostró cómo servir, sino que nos dio el poder para hacerlo. Por medio del Espíritu Santo, somos capacitados para seguir su ejemplo. Él no nos dejó solos, sino que nos envió ayuda para vivir este estilo de vida. Servir como Jesús no es posible en nuestras fuerzas, pero sí en la suya. Así, su modelo se convierte en nuestra meta diaria.

Los apóstoles como extensión del modelo de Cristo

Después de la ascensión de Jesús, los apóstoles continuaron su obra. No se limitaron a predicar un mensaje, sino que lo encarnaron en sus vidas. El libro de los Hechos nos muestra cómo vivían en comunidad, compartían sus bienes y se ocupaban de las viudas y los necesitados (Hechos 2:44-45). Este estilo de vida era una continuación directa del ministerio de Cristo. Ellos entendieron que servir no era opcional, sino parte esencial del evangelio.

El servicio de los apóstoles fue valiente. Enfrentaron persecuciones, encarcelamientos y hasta la muerte, pero nunca dejaron de servir. Esto nos muestra que el servicio auténtico no depende de la comodidad, sino de la obediencia. Sirvieron aun cuando era peligroso y costoso. Su ejemplo nos llama a ser firmes y a no rendirnos cuando el servicio implica sacrificio personal.

Además, los apóstoles sirvieron de manera organizada. En Hechos 6 vemos cómo establecieron diáconos para atender las necesidades de las viudas, a fin de no descuidar la oración y el ministerio de la palabra. Esto nos enseña que el servicio requiere estructura y orden para ser efectivo. No es suficiente con tener buenas intenciones; se necesita planificación para que las necesidades sean atendidas.

Los apóstoles también enseñaron a la iglesia a servir. No lo hacían todo ellos mismos; equipaban a otros para que participaran. Este principio de delegación es vital para el crecimiento de la iglesia. Cuando todos sirven, la carga se reparte y la obra avanza. Ellos entendieron que la iglesia es un cuerpo, y cada miembro tiene un papel que cumplir.

Su servicio fue impulsado por el Espíritu Santo. No servían en sus propias fuerzas, sino bajo la dirección divina. Esto es clave para evitar el activismo y el agotamiento. Cuando el Espíritu guía el servicio, los resultados trascienden lo humano. Lo que hicieron los apóstoles no fue producto de talento o estrategia humana, sino del poder de Dios obrando en ellos.

Finalmente, su ejemplo sigue vigente. Cada generación de creyentes está llamada a seguir este mismo modelo. Los apóstoles no son figuras lejanas, sino ejemplos a imitar. Sus vidas nos inspiran a dejar la comodidad y abrazar el sacrificio por amor a Cristo y a su iglesia.

El servicio como estilo de vida

El servicio en el Reino no es un evento aislado, sino un estilo de vida. Jesús no servía solo en días especiales; toda su vida fue un servicio continuo. Los apóstoles hicieron lo mismo. Servían en las casas, en las calles, en las sinagogas y dondequiera que hubiera necesidad. Esto nos enseña que el servicio no se limita al templo, sino que debe ocurrir en todo lugar y en todo momento.

Un estilo de vida de servicio transforma la manera en que vemos a las personas. Ya no las vemos como interrupciones, sino como oportunidades para amar. Cada encuentro se convierte en un momento para mostrar el carácter de Cristo. Esta mentalidad requiere intencionalidad y sensibilidad al Espíritu Santo, porque el servicio no siempre será conveniente para nuestra agenda.

Además, el servicio como estilo de vida nos mantiene en guardia contra el egoísmo. Vivimos en una cultura centrada en el "yo", donde se exalta la comodidad personal. Servir de manera constante es un antídoto contra esta mentalidad. Nos obliga a salir de nuestra zona de confort y a poner las necesidades de otros antes que las nuestras. Esto moldea nuestro carácter y nos hace más parecidos a Cristo.

Un estilo de vida de servicio también nos ayuda a crecer espiritualmente. Cada acto de servicio es una oportunidad para ejercitar la fe, la paciencia y la humildad. Nos lleva a depender más de Dios y menos de nuestras propias fuerzas. Así, el servicio se convierte en un medio de santificación. No solo bendecimos a otros, sino que nosotros mismos somos transformados.

Además, este tipo de servicio impacta poderosamente a la sociedad. Cuando la iglesia vive sirviendo, el mundo toma nota. Las personas no pueden ignorar una comunidad que sirve con amor genuino. Este testimonio abre puertas para el evangelio y derriba prejuicios contra la fe cristiana. Servir constantemente convierte la fe en algo tangible para quienes nos observan.

Por último, vivir en un estilo de servicio nos prepara para la eternidad. Jesús enseñó que en el Reino de los cielos el mayor será el que sirve. Servir aquí es un entrenamiento para la vida venidera. Cada acto de servicio es una inversión en lo eterno. Cuando entendemos esto, el servicio deja de ser un sacrificio y se convierte en una oportunidad de gloria.

El costo del verdadero servicio

Seguir el modelo de Jesús implica pagar un precio. El servicio auténtico requiere renuncia. Jesús dijo: "Si alguno quiere venir en pos de mí, niéguese a sí mismo, tome su cruz y sígame" (Mateo 16:24). Este llamado es radical. No se trata de servir solo cuando es conveniente, sino aun cuando duele. El verdadero servicio nos costará tiempo, recursos, comodidad y, en algunos casos, reputación.

El costo del servicio se hace evidente en la vida de los apóstoles. Muchos de ellos fueron perseguidos, golpeados y asesinados por causa del evangelio. Aun así, no dejaron de servir. Este ejemplo nos confronta, porque en nuestra cultura buscamos el camino fácil. Queremos servir sin que nos cueste. Pero el Reino de Dios avanza gracias a hombres y mujeres dispuestos a pagar el precio.

Servir de esta manera requiere fe. Debemos creer que el sacrificio no es en vano y que Dios es fiel para recompensar. El apóstol Pablo escribió: "Si sufrimos, también reinaremos con él" (2 Timoteo 2:12). Esta promesa nos sostiene cuando el servicio se vuelve difícil. Saber que nuestro sufrimiento tiene un propósito nos da fuerzas para seguir adelante.

El costo también incluye la incomodidad de tratar con personas difíciles. Servir no siempre es agradable; hay conflictos, críticas y malentendidos. Sin embargo, el amor de Cristo nos impulsa a seguir. Servir no es seleccionar a quién ayudar, sino estar dispuesto a amar aun a los que no lo merecen. Esto refleja el corazón del Padre.

Además, el verdadero servicio nos confronta con nuestro orgullo. Para servir como Jesús, debemos dejar de lado el deseo de reconocimiento. El servicio más puro es el que se hace en lo secreto, sin esperar aplausos. Esto puede ser doloroso para nuestro ego, pero es necesario para que Cristo sea glorificado en nosotros.

Finalmente, debemos recordar que el costo del servicio no se compara con la recompensa. Lo que entregamos aquí es temporal, pero lo que recibiremos es eterno. Esta perspectiva nos ayuda a abrazar el sacrificio con gozo. Servir a Cristo vale cualquier precio que tengamos que pagar.

La recompensa del servicio fiel

Dios no es injusto para olvidar nuestro trabajo (Hebreos 6:10). Cada acto de servicio cuenta para la eternidad. Jesús prometió que incluso un vaso de agua dado en su nombre no perderá su recompensa (Mateo 10:42). Esta verdad nos anima a seguir sirviendo aun cuando nadie lo note. Dios ve lo que hacemos en lo secreto y nos recompensará en su tiempo.

La recompensa del servicio no siempre es inmediata. A veces servimos durante años sin ver resultados visibles. Pero Dios está obrando detrás de escena. Cada semilla de servicio es plantada en el terreno del Reino y dará fruto en el momento oportuno. Esta esperanza nos ayuda a perseverar.

Además, el servicio fiel produce fruto en nuestra propia vida. Nos hace más humildes, pacientes y compasivos. Nos acerca a Dios y nos hace más sensibles a su voz. Esta transformación es una recompensa en sí misma, porque nos prepara para la eternidad. El servicio nos moldea a la imagen de Cristo.

La recompensa también puede manifestarse en la vida de otros. Ver a alguien acercarse a Dios gracias a nuestro servicio es una de las mayores alegrías que podemos experimentar. Cada vida transformada es una evidencia de que nuestro trabajo no fue en vano. Este gozo no tiene precio.

Por último, la recompensa final será oír la voz de nuestro Señor diciendo: "Bien, buen siervo y fiel" (Mateo 25:21). Ese será el mayor galardón. Ningún reconocimiento humano puede compararse con ese momento. Vivir con esa esperanza nos motiva a servir con excelencia hoy.

Servir fielmente nos conecta con la misión de Dios en el mundo. No se trata solo de lo que hacemos, sino de en quién nos convertimos en el proceso. Cada acto de servicio nos acerca más al carácter de Cristo y nos prepara para reinar con Él por la eternidad.

Conclusión

El modelo de Jesús y de los apóstoles nos deja sin excusas. Ellos mostraron que el servicio no es opcional, sino parte integral de la vida cristiana. Seguir su ejemplo significa renunciar a la comodidad y abrazar el sacrificio. Significa vivir para Dios y para los demás, no para nosotros mismos. Este llamado es radical, pero también es glorioso.

Este capítulo nos confronta con la pregunta: ¿estamos sirviendo como Jesús y los apóstoles? No basta con admirar su ejemplo; debemos imitarlo. El Espíritu Santo nos ha sido dado para capacitarnos a vivir este estilo de vida. No se trata de esfuerzo humano, sino de rendición a la voluntad de Dios.

Si queremos ver un avivamiento verdadero, debemos volver a este modelo de servicio. Cuando la iglesia sirve como Cristo sirvió, el mundo es transformado. Este es el llamado para nuestra generación: servir con amor, con sacrificio y con fidelidad hasta el final.

Preguntas de Reflexión

1. ¿En qué aspectos mi servicio refleja el modelo de Jesús y en cuáles necesito crecer?

2. ¿Estoy dispuesto a pagar el precio que implica servir de manera sacrificial?

3. ¿Cómo puedo hacer del servicio un estilo de vida y no solo un evento ocasional?

4. ¿Qué puedo aprender de los apóstoles para organizar y delegar el servicio en mi iglesia?

5. ¿Qué promesas de recompensa me motivan a perseverar en el servicio aun cuando no veo resultados inmediatos?

Capítulo 3

Humildad: La Base del Servicio Verdadero

Filipenses 2:3
"Nada hagáis por contienda o por vanagloria; antes bien con humildad, estimando cada uno a los demás como superiores a él mismo."

Introducción

La humildad es el cimiento sobre el cual se edifica todo servicio que agrada a Dios. Sin humildad, el servicio se convierte en una plataforma para la autoexaltación o en una herramienta para controlar a otros. Por eso Pablo exhorta a los creyentes a no hacer nada por rivalidad ni por orgullo, sino a vivir con un corazón que honra y valora a los demás. La humildad es la actitud interior que permite que el servicio sea genuino, limpio y libre de segundas intenciones. Servir desde la humildad es reconocer que no somos el centro, sino que Cristo lo es.

El mundo contemporáneo promueve la autoafirmación y la búsqueda de reconocimiento. Vivimos en una cultura que celebra al que se impone sobre los demás y desprecia la debilidad. Sin embargo, en el Reino de Dios el camino hacia la grandeza pasa por el valle de la humildad. Jesús enseñó que el mayor en el Reino es el que se hace como niño, el que está dispuesto a ocupar el último lugar y a poner las necesidades de otros por encima de las propias. Esta visión rompe con la mentalidad de orgullo y competencia que domina la sociedad.

La iglesia también corre el peligro de perder de vista la humildad. Cuando el servicio se convierte en una plataforma para exhibir dones, talentos o influencia, se desvirtúa su propósito. Dios resiste a los soberbios, pero da gracia a los humildes (Santiago 4:6). La presencia de Dios fluye con mayor poder donde hay corazones quebrantados y dispuestos. Sin humildad, el servicio puede impresionar a la gente, pero no transformará vidas de manera profunda.

¿Estamos sirviendo desde la humildad o desde el deseo de ser vistos y reconocidos? Este capítulo nos invita a evaluar nuestras motivaciones y a abrazar la humildad como estilo de vida. La humildad no nos rebaja, sino que nos posiciona para que Dios nos exalte a su tiempo. Si queremos ver fruto duradero en nuestro servicio, debemos asegurarnos de que la humildad sea la base de todo lo que hacemos.

La humildad en el ejemplo de Cristo

Jesús es el mayor ejemplo de humildad. Aunque era Dios, no se aferró a su posición de gloria, sino que se despojó a sí mismo y tomó forma de siervo (Filipenses 2:7). Este acto de autonegación no fue momentáneo, sino que caracterizó toda su vida. Desde su nacimiento en un pesebre hasta su muerte en la cruz, Jesús vivió en humildad. Esta decisión de descender voluntariamente para servir nos muestra que la verdadera grandeza no está en ser servido, sino en servir.

El ejemplo de Jesús nos confronta porque nos invita a seguir el mismo camino. No basta con admirar su humildad; debemos imitarla. Él mismo dijo: "Aprended de mí, que soy manso y humilde de corazón" (Mateo 11:29). Esto implica que la humildad no es algo que se obtiene de un momento a otro, sino que se aprende a través de una relación cercana con Él. Cuanto más conocemos a Cristo, más somos transformados en su carácter.

La humildad de Jesús se manifestó en actos concretos. Lavó los pies de sus discípulos, un trabajo reservado para los siervos de menor rango. Este acto fue una lección visual de lo que significa liderar en el Reino de Dios. La humildad no es un sentimiento interno solamente, sino que se evidencia en acciones de servicio, incluso en las tareas más sencillas y menos reconocidas.

Además, Jesús mostró humildad en su trato con las personas. No rechazó a los niños, no despreció a los pecadores y no buscó la compañía de los poderosos para ganar influencia. Se acercó a los que eran despreciados por la sociedad y les devolvió dignidad. Esta es la esencia del servicio cristiano: acercarnos a los que otros ignoran y mostrarles el amor de Dios.

La humildad de Cristo también se reflejó en su obediencia al Padre. Se sometió hasta la muerte, y muerte de cruz (Filipenses 2:8). Esto nos enseña que la humildad no es pasividad, sino disposición para hacer la voluntad de Dios, incluso cuando cuesta. La obediencia es una de las formas más puras de humildad.

Finalmente, la exaltación de Cristo después de su humillación nos muestra el resultado de la humildad. Dios lo exaltó hasta lo sumo y le dio un nombre que es sobre todo nombre (Filipenses 2:9). Esta es la promesa para todo creyente: si nos humillamos bajo la poderosa mano de Dios, Él nos exaltará cuando sea el tiempo (1 Pedro 5:6). La humildad es el camino hacia la verdadera gloria.

Humildad como protección contra el orgullo espiritual

El orgullo espiritual es uno de los mayores peligros para el creyente que sirve. Cuando Dios comienza a usarnos, existe la tentación de pensar que el poder proviene de nosotros. La humildad es el escudo que nos protege de esta trampa. Nos recuerda que todo lo que somos y hacemos es por gracia. Como dijo Pablo: "¿Qué tienes que no hayas recibido? Y si lo recibiste, ¿por qué te glorías como si no lo hubieras recibido?" (1 Corintios 4:7). Esta verdad nos mantiene en el lugar correcto.

El orgullo espiritual puede llevar a comparar nuestro servicio con el de otros. Comenzamos a medir el éxito por números, elogios o resultados visibles. Esto distorsiona la verdadera motivación y convierte el servicio en competencia. La humildad, en cambio, nos ayuda a alegrarnos por el éxito de otros y a reconocer que somos parte de un mismo cuerpo. No servimos para superar a otros, sino para glorificar a Dios.

Además, el orgullo espiritual puede endurecer nuestro corazón. Cuando pensamos que ya lo sabemos todo o que somos indispensables, dejamos de aprender. La humildad nos mantiene enseñables y abiertos a la corrección. Incluso cuando hemos servido por años, siempre podemos crecer y mejorar. Un corazón humilde está dispuesto a recibir retroalimentación sin ofenderse.

La humildad también nos libra del espíritu de superioridad. No vemos a las personas como proyectos, sino como hermanos y hermanas. Reconocemos que todos necesitamos la gracia de Dios por igual. Esto nos permite servir sin juzgar, amar sin condiciones y ministrar con compasión genuina. El servicio pierde su poder cuando está contaminado por el orgullo.

Otra forma en que la humildad nos protege es manteniéndonos dependientes de Dios. Cuando reconocemos que no podemos hacerlo todo solos, buscamos su dirección en oración y su fortaleza en cada paso. Esto evita que el servicio se convierta en activismo vacío. La dependencia de Dios nos mantiene alineados con su voluntad y nos ayuda a evitar errores innecesarios.

Finalmente, la humildad nos recuerda que el fruto del servicio no es nuestro, sino del Señor. Podemos sembrar y regar, pero es Dios quien da el crecimiento (1 Corintios 3:6). Este entendimiento nos libera de la ansiedad por los resultados y nos permite servir con paz. Sabemos que estamos en las manos del Dueño de la obra y que Él hará lo que le agrada.

La humildad como puerta para el crecimiento

Solo un corazón humilde es enseñable. Cuando reconocemos que necesitamos aprender, Dios puede depositar más de su sabiduría en nosotros. El libro de Proverbios dice: "Con los humildes está la sabiduría" (Proverbios 11:2). La humildad es como tierra fértil que recibe la semilla de la instrucción y produce fruto abundante. Sin ella, las enseñanzas rebotan y no producen transformación.

La humildad nos abre a nuevas oportunidades. Dios confía responsabilidades mayores a aquellos que saben permanecer pequeños ante sus ojos. Cuando buscamos exaltarnos, Dios nos detiene, pero cuando nos humillamos, Él nos promueve. La humildad es el pasaporte para ascender a nuevos niveles de servicio y autoridad espiritual. Este principio se repite en toda la Biblia: primero la humillación, luego la exaltación.

Además, la humildad nos permite recibir consejo de otros. En el cuerpo de Cristo hay sabiduría colectiva, pero solo los humildes la aprovechan. Escuchar a otros, aprender de sus experiencias y dejarse guiar son señales de madurez. La arrogancia cierra puertas, pero la humildad las abre. A través de las relaciones correctas, Dios pule nuestro carácter.

La humildad también nos ayuda a aceptar la disciplina de Dios. A veces el crecimiento requiere corrección, y eso puede ser doloroso. El orgulloso se resiste y se ofende, pero el humilde recibe la disciplina como una oportunidad para mejorar. Hebreos 12:11 nos recuerda que la disciplina produce fruto apacible de justicia en los que son ejercitados por ella.

Otra forma en que la humildad facilita el crecimiento es manteniéndonos cerca de Dios. Santiago 4:8 dice: "Acercaos a Dios, y él se acercará a vosotros." El humilde reconoce su necesidad de Dios y lo busca constantemente. Esta cercanía permite que Dios revele áreas que necesitan cambio y que derrame gracia para transformar nuestro carácter.

Finalmente, la humildad nos mantiene en un lugar de dependencia continua. No nos conformamos ni nos volvemos autosuficientes. Sabemos que sin Dios nada podemos hacer (Juan 15:5). Esta dependencia constante crea un ciclo de crecimiento ininterrumpido, porque cada día es una nueva oportunidad para aprender, crecer y ser más como Cristo.

La humildad y las relaciones en el cuerpo de Cristo

La humildad es esencial para mantener la unidad en la iglesia. Cuando cada miembro estima a los demás como superiores a sí mismo, se rompe el ciclo de competencia y división. Las relaciones se fortalecen y la comunidad se convierte en un reflejo del amor de Dios. La humildad nos permite escuchar, comprender y perdonar, creando un ambiente de paz y colaboración.

Las divisiones en la iglesia muchas veces nacen del orgullo. Queremos imponer nuestra opinión, ganar discusiones y tener la última palabra. La humildad nos ayuda a reconocer que no siempre tenemos la razón y que podemos aprender de otros. Esto abre la puerta a la reconciliación y evita conflictos innecesarios. Donde hay humildad, hay espacio para el diálogo y la restauración.

Además, la humildad nos ayuda a honrar los dones de los demás. Reconocemos que cada miembro tiene algo valioso que aportar. Esto elimina la envidia y promueve la cooperación. En lugar de competir, nos complementamos. El cuerpo de Cristo funciona de manera saludable cuando cada miembro ocupa su lugar con humildad.

La humildad también nos permite servir sin buscar reconocimiento. No nos molesta si otros reciben el crédito, porque entendemos que la gloria es para Dios. Esta actitud desarma los celos y las comparaciones, que son destructivas para la comunidad. El servicio se vuelve más puro y la iglesia experimenta mayor unidad.

Otra forma en que la humildad impacta las relaciones es al promover la empatía. Cuando somos humildes, podemos ponernos en el lugar de otros y comprender sus luchas. Esto nos lleva a ser más compasivos y menos críticos. La empatía fortalece los lazos entre hermanos y crea un ambiente seguro para crecer.

Finalmente, la humildad en las relaciones crea un testimonio poderoso para el mundo. Jesús dijo que el amor entre nosotros sería la señal de que somos sus discípulos (Juan 13:35). La humildad es la base de ese amor. Una iglesia que vive en humildad es una iglesia que impacta su entorno de manera irresistible.

Humildad como estilo de vida

La humildad no debe ser un acto ocasional, sino un estilo de vida. No se trata de aparentar modestia en ciertas situaciones, sino de vivir constantemente en dependencia de Dios y en servicio a los demás. Esto implica un cambio profundo en nuestra mentalidad. La humildad se convierte en el lente a través del cual vemos el mundo y a las personas.

Vivir en humildad requiere vigilancia constante. El orgullo puede resurgir en cualquier momento, incluso en medio del servicio. Por eso debemos evaluar regularmente nuestras motivaciones y pedirle a Dios que examine nuestro corazón. El salmista oró: "Examíname, oh Dios, y conoce mi corazón" (Salmo 139:23). Esta oración nos mantiene sensibles a la voz del Espíritu.

Además, la humildad como estilo de vida nos ayuda a manejar el éxito de manera saludable. Cuando Dios nos exalta, no perdemos de vista que fue Él quien lo hizo. Esto nos libra de la soberbia y nos permite usar la influencia para servir mejor. La verdadera promoción en el Reino es para seguir sirviendo, no para buscar comodidad.

La humildad diaria también transforma nuestra manera de hablar y actuar. Nuestras palabras se vuelven más amables, nuestras reacciones más controladas y nuestras decisiones más sabias. La humildad nos hace pacientes con las debilidades de otros y nos impulsa a restaurar en lugar de condenar. Así, la humildad se convierte en un testimonio silencioso pero poderoso.

Vivir en humildad nos mantiene enfocados en el propósito eterno. No buscamos construir nuestro propio reino, sino el de Dios. Esto nos ayuda a priorizar lo que realmente importa y a no desperdiciar energía en lo que es pasajero. La humildad nos mantiene ligeros de equipaje para la carrera espiritual.

Por último, la humildad como estilo de vida nos prepara para la exaltación final. Jesús prometió que los que se humillan serán enaltecidos (Lucas 14:11). Esta promesa nos motiva a perseverar en la humildad aun cuando no sea popular. Vivir así es sembrar para la eternidad.

Conclusión

La humildad es el cimiento de todo servicio verdadero. Sin ella, nuestro ministerio pierde poder y dirección. Con ella, el Espíritu Santo puede fluir libremente a través de nosotros. La humildad no es debilidad, sino fuerza controlada; no es inseguridad, sino seguridad en Dios. Servir desde la humildad es servir de la manera en que Cristo lo hizo.

Este capítulo nos confronta con la necesidad de examinarnos. ¿Estamos sirviendo con humildad o buscando reconocimiento? ¿Estamos dispuestos a ocupar el último lugar y a dejar que Dios nos exalte a su tiempo? La humildad es el camino más seguro hacia el crecimiento y la promoción en el Reino.

El llamado es claro: abracemos la humildad como estilo de vida. Si lo hacemos, nuestro servicio tendrá mayor impacto, nuestras relaciones serán más sanas y nuestra comunión con Dios más profunda. La humildad abre la puerta para que el Reino de Dios se manifieste en todo lo que hacemos.

Preguntas de Reflexión

1. ¿Qué ejemplos recientes de orgullo o competencia he identificado en mi servicio?

2. ¿Cómo puedo imitar más de cerca la humildad de Cristo en mis relaciones?

3. ¿Estoy abierto a la corrección y dispuesto a aprender de otros en la iglesia?

4. ¿De qué maneras la humildad puede transformar la cultura de servicio en mi comunidad?

5. ¿Qué pasos prácticos puedo tomar para hacer de la humildad un estilo de vida diario?

Capítulo 4

El Gozo de Servir en lo Oculto

Mateo 6:4

"Y tu Padre que ve en lo secreto te recompensará en público."

Introducción

Vivimos en una cultura que valora la visibilidad y el reconocimiento. Las redes sociales nos han acostumbrado a mostrar lo que hacemos, lo que logramos y lo que somos. Sin embargo, el Reino de Dios opera bajo una lógica completamente diferente: lo que más valor tiene no siempre es lo que se ve, sino lo que se hace en lo secreto. Jesús enseñó que el Padre ve lo que se hace en privado y que Él mismo se encargará de recompensar públicamente. Esto nos invita a descubrir el gozo de servir sin buscar aplausos ni aprobación humana.

El servicio oculto es el que realmente revela las motivaciones del corazón. Cuando nadie nos observa, cuando no hay cámaras ni micrófonos, cuando no habrá un "gracias" de por medio, ¿seguimos sirviendo? Servir en lo oculto es la prueba de que lo hacemos para Dios y no para los hombres. Es en esos momentos donde se purifican nuestras intenciones y se fortalece nuestro carácter. Lo que hacemos en secreto es, en realidad, lo que muestra quiénes somos de verdad.

La iglesia necesita volver a valorar el servicio invisible. Muchas veces nos enfocamos en los ministerios visibles —predicación, música, liderazgo— y descuidamos las tareas que no se ven, pero que sostienen la vida de la comunidad. Desde el que ora en silencio, hasta el que limpia el templo sin que nadie lo sepa, cada acto de servicio oculto es fundamental para el avance del Reino. Dios no mide el valor por la visibilidad, sino por la fidelidad.

¿Estamos dispuestos a servir aunque nadie nos aplauda? Este capítulo nos invita a redescubrir el gozo de servir en lo secreto, a encontrar satisfacción en agradar solo a Dios y a confiar en su promesa de recompensa. Cuando entendemos que el ojo del Padre está sobre nosotros, dejamos de vivir para impresionar a otros y comenzamos a vivir para honrarlo a Él.

El valor del servicio que nadie ve

El servicio que nadie ve es, muchas veces, el más valioso para el Reino. Jesús advirtió contra hacer las obras para ser vistos por los hombres, porque esa es toda la recompensa que recibiríamos (Mateo 6:1). Servir en lo secreto es un acto de fe, porque confiamos en que Dios lo ve y que su aprobación es suficiente. Este tipo de servicio no busca reconocimiento, sino obediencia. Es una manera de declarar que nuestra audiencia principal es el Señor.

Cuando servimos en lo oculto, somos libres de las presiones externas. No necesitamos competir con otros ni demostrar nada. Simplemente hacemos lo que Dios nos ha llamado a hacer. Esto trae paz al corazón y nos permite concentrarnos en la tarea sin distracciones. La motivación se vuelve pura, porque no está contaminada por la necesidad de impresionar.

El servicio invisible también es una escuela de carácter. Nos enseña disciplina, perseverancia y humildad. Aprendemos a ser fieles en lo poco, y esa fidelidad prepara el camino para mayores responsabilidades (Lucas 16:10). Dios usa los lugares ocultos para formar nuestro corazón antes de darnos plataformas más visibles. El servicio que nadie ve es una etapa necesaria para el crecimiento espiritual.

Además, el servicio en secreto protege nuestro corazón del orgullo. Cuando no hay aplausos ni reconocimiento, no tenemos la tentación de gloriarnos en lo que hacemos. Esto nos mantiene humildes y dependientes de Dios. El orgullo no puede florecer en un corazón que sirve solo para agradar al Padre. La gloria de Dios se convierte en nuestra única meta.

Servir en lo oculto también tiene un valor eterno. Aunque otros no lo noten, cada acto de obediencia queda registrado en el cielo. Jesús prometió que el Padre recompensará lo que hacemos en secreto (Mateo 6:4). Esta recompensa es mucho mayor que cualquier elogio humano. Sirviendo así, acumulamos tesoros en el cielo donde nadie los puede corromper.

Por último, el servicio invisible bendice a otros de maneras silenciosas pero poderosas. Una oración hecha en secreto puede cambiar el destino de una persona. Un acto de generosidad anónimo puede restaurar la esperanza de alguien. Aunque no busquemos reconocimiento, Dios se encarga de que el impacto sea real y duradero.

El servicio oculto forma carácter

Una de las razones por las que Dios permite que pasemos temporadas de servicio invisible es para trabajar en nuestro carácter. En esos momentos, aprendemos a servir sin expectativas externas. Descubrimos si nuestro compromiso es genuino o si dependía de la validación de otros. Este proceso es incómodo, pero profundamente transformador.

El servicio oculto nos confronta con nuestras motivaciones. Si buscamos reconocimiento, nos frustramos; si servimos por amor a Dios, encontramos paz. Este proceso de purificación es esencial para evitar que el servicio se convierta en un medio de autoafirmación. Dios quiere que nuestras acciones fluyan de un corazón sincero.

Además, el servicio oculto nos enseña paciencia. Los resultados no siempre son inmediatos ni visibles, pero seguimos sembrando con fe. Esta espera produce en nosotros una confianza más profunda en el plan de Dios. Aprendemos que su tiempo es perfecto y que Él está obrando aunque no lo veamos. Esta paciencia fortalece nuestra esperanza.

Servir en lo secreto también nos ayuda a desarrollar constancia. Es fácil ser fiel cuando otros nos miran, pero el verdadero carácter se prueba en lo privado. La constancia en el servicio es señal de madurez espiritual. Dios confía en aquellos que son fieles aun cuando no hay espectadores.

Otra virtud que se desarrolla en el servicio oculto es la humildad. No buscamos crédito ni aplausos; lo que nos motiva es agradar a Dios. Esta humildad nos prepara para manejar con gracia la promoción que pueda venir más adelante. Si aprendemos a servir en lo secreto, no seremos corrompidos por la visibilidad.

Finalmente, el servicio oculto nos entrena para soportar la ingratitud. No siempre las personas agradecerán lo que hacemos, y eso está bien. Servimos para Dios, no para los hombres. Este entendimiento nos protege de la amargura y nos permite seguir sirviendo con un corazón limpio.

Dios recompensa lo que se hace en secreto

Jesús fue claro: el Padre que ve en lo secreto recompensará en público. Esta promesa nos asegura que nada de lo que hacemos para el Señor es en vano (1 Corintios 15:58). La recompensa de Dios no siempre es material ni inmediata, pero es segura. Puede venir en forma de paz, gozo, puertas abiertas o crecimiento espiritual. Dios sabe exactamente cómo recompensar a cada uno.

Esta recompensa también nos libra de la necesidad de buscar aprobación humana. Cuando confiamos en la recompensa de Dios, no nos afecta tanto si los demás lo reconocen o no. Nuestro enfoque cambia de lo terrenal a lo eterno. Vivimos para escuchar un día las palabras: "Bien, buen siervo y fiel" (Mateo 25:21).

Además, la recompensa de Dios es proporcional a la fidelidad, no a la visibilidad. No importa si tu servicio es grande o pequeño, si eres fiel, Dios lo honra. Esto nos da ánimo para seguir sirviendo aun cuando pensamos que lo que hacemos no es significativo. Para Dios, todo acto de obediencia es valioso.

Dios también usa la recompensa para motivarnos a seguir creciendo. Cada vez que experimentamos su aprobación, nuestro deseo de servir aumenta. Esta dinámica crea un ciclo de fidelidad y bendición que fortalece la iglesia. La recompensa no es un fin en sí mismo, sino un estímulo para seguir en el camino correcto.

La recompensa divina también tiene un componente eterno. Jesús dijo que debíamos acumular tesoros en el cielo (Mateo 6:20). Cada acto de servicio en lo secreto es una inversión en esa cuenta eterna. Un día veremos el fruto de todo lo que hicimos en obediencia. Esa será una celebración gloriosa.

Finalmente, la promesa de recompensa nos sostiene en tiempos difíciles. Cuando el servicio es exigente y las fuerzas parecen agotarse, recordar que Dios ve y recompensará nos da aliento. Esta esperanza es como un ancla que nos mantiene firmes hasta ver el cumplimiento.

Servir en lo oculto como acto de adoración

Servir en lo secreto es una de las formas más puras de adoración. Adorar no es solo cantar, sino rendir nuestra vida entera al Señor. Cada acto de servicio oculto es una ofrenda que sube como aroma agradable delante de Dios. Hacer algo sin que nadie lo vea es decirle al Señor: "Esto es solo para ti."

La adoración verdadera busca agradar a Dios, no impresionar a los hombres. Cuando servimos en lo oculto, eliminamos el factor de la aprobación pública. Es un acto que purifica nuestras motivaciones y nos lleva a un nivel más profundo de intimidad con Dios. Él se convierte en nuestro único espectador.

Este tipo de servicio nos ayuda a desarrollar una relación más íntima con el Señor. Pasamos tiempo con Él mientras servimos, hablamos con Él en lo secreto y experimentamos su presencia de manera especial. Servir así se convierte en un momento de comunión que fortalece nuestro espíritu.

Además, el servicio como adoración nos libera de la carga de los resultados. No estamos sirviendo para producir algo visible, sino para honrar a Dios. Esto trae descanso a nuestra alma y nos permite disfrutar el proceso. La adoración transforma el servicio en deleite.

Servir en lo oculto también nos mantiene enfocados en el propósito correcto. La adoración es centrada en Dios, no en nosotros. Al ver el servicio como adoración, dejamos de buscar nuestra gloria y comenzamos a buscar la suya. Esto mantiene nuestro corazón alineado con su voluntad.

Por último, servir en lo oculto como adoración nos prepara para tiempos de mayor responsabilidad. Si aprendemos a servir sin reconocimiento, podremos manejar con madurez la visibilidad cuando llegue. Nuestro corazón permanecerá centrado en agradar a Dios y no en los aplausos humanos.

El gozo que produce el servicio invisible

Servir en lo secreto produce un gozo especial. Es el gozo de saber que estamos cumpliendo la voluntad de Dios en lo íntimo. Este gozo no depende de elogios ni recompensas externas, sino de la satisfacción de agradar al Padre. Es un gozo profundo que fortalece el alma.

El servicio oculto nos permite experimentar la aprobación de Dios de una manera personal. Cuando sentimos su sonrisa sobre nosotros, nuestro corazón se llena de alegría. Esta experiencia es transformadora, porque nos hace querer seguir sirviendo aun cuando nadie lo note. La recompensa más grande es su presencia.

Además, el gozo del servicio invisible nos sostiene en momentos de soledad. A veces podemos sentir que nadie valora nuestro esfuerzo, pero Dios nos recuerda que Él está con nosotros. Esta conciencia de su compañía produce un gozo que el mundo no puede quitar. Es un gozo que nace de la comunión con Él.

El servicio oculto también genera gratitud. Nos hace recordar que servir es un privilegio y no un derecho. Cada oportunidad de servir es un regalo de Dios. Este reconocimiento alimenta nuestro gozo y nos mantiene motivados para seguir. La gratitud y el gozo van de la mano.

Otra fuente de gozo es ver el fruto del servicio en el tiempo de Dios. Puede que no veamos resultados inmediatos, pero cuando finalmente aparecen, la alegría es aún mayor. Saber que nuestras acciones en lo secreto produjeron impacto eterno es motivo de celebración.

Finalmente, el gozo del servicio invisible nos da fuerzas para perseverar. Nos recuerda que vale la pena seguir adelante. Cuando el gozo es nuestro motor, el cansancio pierde poder y el servicio se convierte en una fuente de vida. Así descubrimos que el gozo del Señor es verdaderamente nuestra fortaleza.

Conclusión

Servir en lo oculto es un llamado a vivir para la audiencia de Uno. Este tipo de servicio revela nuestras verdaderas motivaciones y forma en nosotros el carácter de Cristo. Aunque el mundo no lo vea, el Padre lo ve y lo valora. Servir en lo secreto es un acto de fe, adoración y amor.

Este capítulo nos invita a dejar de buscar aplausos y a redescubrir la belleza de agradar solo a Dios. Nos recuerda que la recompensa divina es mucho más valiosa que cualquier reconocimiento humano. Cada acto de servicio invisible es una inversión eterna que traerá fruto en el tiempo perfecto de Dios.

El gozo de servir en lo oculto nos transforma. Nos hace libres, nos llena de paz y nos fortalece para seguir adelante. Si abrazamos esta práctica, nuestro servicio se volverá más puro, nuestro carácter más firme y nuestro corazón más satisfecho en Dios.

Preguntas de Reflexión

1. ¿Qué tareas estoy dispuesto a hacer para Dios aunque nadie me lo agradezca?

2. ¿Cómo puedo cultivar la disciplina de servir en lo secreto sin buscar reconocimiento?

3. ¿De qué manera el servicio oculto ha formado mi carácter en el pasado?

4. ¿Cómo puedo ver cada acto de servicio como un momento de adoración personal?

5. ¿Qué cambios necesito hacer para que el gozo de servir en lo oculto sea parte de mi vida diaria?

Capítulo 5

Desarrollando un Corazón de Siervo

Proverbios 4:23
"Sobre toda cosa guardada, guarda tu corazón; Porque de él mana la vida."

Introducción

Desarrollar un corazón de siervo es uno de los llamados más profundos que el creyente puede recibir. No se trata únicamente de hacer cosas para Dios, sino de permitir que nuestro interior sea transformado hasta que el servicio brote de manera natural, como la expresión genuina de una vida entregada a Cristo. El corazón es el centro de nuestras motivaciones, y cuando está alineado con la voluntad de Dios, cada acto de servicio se convierte en adoración. Sin embargo, cuando el corazón está contaminado por orgullo, resentimiento o rutina, el servicio pierde su pureza y se convierte en una carga.

En la cultura actual, donde el reconocimiento y la autopromoción parecen ser el motor de muchas acciones, el concepto de servir desde el corazón puede parecer débil o ingenuo. El mundo valora el logro visible, pero Dios mira las motivaciones. Por eso, antes de que nuestras manos se activen para servir, Dios primero se ocupa de moldear el corazón. Un siervo con un corazón alineado con Dios no solo realiza tareas, sino que representa el carácter de Cristo dondequiera que va.

Un corazón de siervo no se forma de la noche a la mañana. Es el resultado de un proceso de rendición, corrección y formación que el Espíritu Santo dirige en cada creyente dispuesto. Este proceso puede ser incómodo, porque muchas veces Dios confronta actitudes y áreas que preferiríamos ocultar. Pero la formación interior es indispensable si queremos que nuestro servicio tenga peso eterno y no sea solo un esfuerzo humano.

La gran pregunta es: ¿estamos dispuestos a dejar que Dios trabaje primero en nuestro interior antes de lanzarnos a servir? Este capítulo nos invita a abrir el corazón para que Dios lo transforme, de manera que nuestro servicio deje de ser impulsado por obligación y pase a ser fruto de un amor genuino por el Señor y por las personas que Él nos llama a alcanzar.

Reconociendo la necesidad de un corazón transformado

El primer paso hacia el servicio verdadero es reconocer que nuestro corazón necesita transformación. Jeremías 17:9 nos recuerda: "Engañoso es el corazón más que todas las cosas, y perverso; ¿quién lo conocerá?" Esta declaración no es para desanimarnos, sino para mostrarnos que, sin la intervención divina, nuestro servicio puede nacer de motivaciones equivocadas. No es suficiente tener buenas intenciones; es necesario que Dios purifique las motivaciones que nos llevan a servir.

Cuando el corazón no ha sido tratado, el servicio puede convertirse en una plataforma para buscar aprobación humana. Jesús advirtió en Mateo 6:1: "Guardaos de hacer vuestra justicia delante de los hombres, para ser vistos de ellos..." Aquí vemos que el problema no es la acción, sino el motivo. El corazón transformado sirve para agradar a Dios, no para impresionar a las personas.

Reconocer la necesidad de transformación también nos libra de caer en la autojusticia. El fariseo de la parábola en Lucas 18 se gloriaba de su servicio, pero su corazón estaba lejos de Dios. En contraste, el publicano fue justificado porque su corazón era humilde y consciente de su necesidad de gracia. El servicio comienza en ese lugar de dependencia.

Esta autoconciencia es incómoda porque nos obliga a admitir que podemos servir con orgullo, con amargura o incluso por conveniencia. Pero la buena noticia es que Dios no solo revela la condición del corazón, sino que también provee el poder para cambiarlo.

El Espíritu Santo es el agente que realiza esta obra interna. Él convence, redarguye y guía al creyente hacia la verdad, no para condenar, sino para restaurar. Cuando permitimos esta obra, nuestro servicio comienza a reflejar la pureza de Dios y produce fruto que permanece.

Aceptar la necesidad de un corazón transformado es un acto de humildad y de fe. Es reconocer que el servicio externo no es suficiente si lo interno no está alineado. Dios quiere obrar en el corazón para que lo que hagamos tenga raíces profundas y dé gloria a su nombre.

Rendición total como base del servicio

El servicio auténtico comienza con la entrega completa de nuestra voluntad. Romanos 12:1 nos exhorta: "Así que, hermanos, os ruego... que presentéis vuestros cuerpos en sacrificio vivo, santo, agradable a Dios..." Esta rendición no es parcial; es un acto en el que ponemos todo nuestro ser al servicio de Dios. Sin esta entrega, el servicio puede convertirse en un esfuerzo humano desconectado de la dirección divina.

La rendición implica renunciar a nuestras agendas y aceptar la agenda de Dios. A veces esto significa dejar planes personales, cambiar prioridades o incluso abrazar tareas que no elegimos. Jesús mismo oró en Getsemaní: "No se haga mi voluntad, sino la tuya" (Lucas 22:42). Ese es el modelo de rendición que Dios espera de nosotros.

Cuando entregamos nuestra voluntad, encontramos verdadera libertad. Paradójicamente, en el Reino de Dios, el siervo rendido es el más libre porque no vive para agradarse a sí mismo, sino para cumplir el propósito del Padre. Este tipo de servicio trae descanso al alma porque ya no depende de resultados visibles ni del reconocimiento de los demás.

La rendición también requiere confianza. No siempre entendemos el camino que Dios nos pide recorrer, pero sabemos que su voluntad es buena, agradable y perfecta (Romanos 12:2). Cada acto de obediencia es un paso hacia un servicio más profundo y fructífero.

Este proceso no es fácil porque choca con nuestro deseo natural de control. Sin embargo, cuanto más cedemos el control a Dios, más experimentamos su dirección y provisión. La rendición abre la puerta para que el Espíritu Santo guíe cada detalle de nuestro servicio.

Rendirnos no significa pasividad, sino participación activa en los planes de Dios. Es decir: "Aquí estoy, envíame" (Isaías 6:8). Solo un corazón rendido puede servir de manera que transforme vidas y traiga gloria a Dios.

El fruto de un corazón enseñable

Un corazón enseñable es tierra fértil para el crecimiento espiritual. Proverbios 9:9 dice: "Da al sabio, y será más sabio; enseña al justo, y aumentará su saber." La disposición a aprender es lo que permite que Dios siga moldeándonos a lo largo de toda la vida. Sin un espíritu enseñable, corremos el riesgo de volvernos estancados o de pensar que ya lo sabemos todo.

La enseñanza del Espíritu Santo no se limita a la lectura bíblica. Él usa circunstancias, personas y experiencias para darnos lecciones que forman nuestro carácter. Cada situación es una oportunidad para crecer si mantenemos la actitud correcta.

Un corazón enseñable recibe corrección sin ofenderse. Proverbios 12:1 es claro: "El que ama la instrucción ama la sabiduría; mas el que aborrece la reprensión es ignorante." La corrección es parte del proceso de Dios para perfeccionar a sus siervos.

La falta de enseñabilidad puede llevar al orgullo y a la caída. El rey Saúl perdió el favor de Dios porque se negó a obedecer y aprender de sus errores. En cambio, David fue llamado hombre conforme al corazón de Dios porque siempre buscaba ser enseñado y corregido.

Cuando somos enseñables, otros también pueden ministrar a nuestras vidas. La comunidad de fe se convierte en un espacio de mutua edificación donde cada uno aporta y recibe. Esto nos protege del aislamiento espiritual y nos mantiene en crecimiento constante.

El fruto de un corazón enseñable es evidente en un servicio que mejora con el tiempo. La persona que aprende de cada experiencia se vuelve más sabia, más compasiva y más efectiva en el ministerio.

Sensibilidad al Espíritu Santo en el servicio

El servicio cristiano no es simplemente un conjunto de tareas; es una colaboración con el Espíritu Santo. Gálatas 5:25 nos exhorta: "Si vivimos por el Espíritu, andemos también por el Espíritu." Esto significa que cada acto de servicio debe ser guiado por su dirección y poder.

La sensibilidad al Espíritu se desarrolla en la oración y la intimidad con Dios. Solo cuando pasamos tiempo en su presencia podemos discernir su voz y diferenciarla de nuestras propias emociones o impulsos.

El Espíritu Santo nos dirige hacia las necesidades que Dios quiere atender en cada momento. A veces nos moverá a hacer algo pequeño y sencillo; otras veces nos impulsará a emprender proyectos más grandes. Pero en cada caso, su dirección garantiza que el servicio tenga un impacto eterno.

Ignorar la guía del Espíritu puede llevarnos a un activismo estéril. Podemos estar muy ocupados sirviendo, pero si no estamos haciendo lo que Dios quiere, en el tiempo que Él quiere, desperdiciamos energía. La historia de Marta y María en Lucas 10 nos recuerda la importancia de priorizar la voz del Señor antes de actuar.

La sensibilidad espiritual también nos capacita para ministrar de manera efectiva a otros. El Espíritu nos da discernimiento para saber qué decir, cómo actuar y cuándo callar. Esto evita que el servicio se convierta en algo mecánico y lo mantiene fresco y relevante.

Servir guiados por el Espíritu es el camino más seguro para ver fruto duradero. Él es quien abre puertas, prepara corazones y da el crecimiento. Nuestro papel es mantenernos sensibles y obedientes a su dirección.

Perseverancia en el proceso de formación

Desarrollar un corazón de siervo es un proceso que toma tiempo. Santiago 1:4 nos dice: "Mas tenga la paciencia su obra completa, para que seáis perfectos y cabales, sin que os falte cosa alguna." La perseverancia es indispensable para que la obra de Dios en nosotros llegue a su plenitud.

En ocasiones, el proceso de formación parece lento y doloroso. Dios puede permitir situaciones que prueben nuestra fe y revelen áreas que necesitan ser tratadas. Estas experiencias no son castigos, sino oportunidades para madurar.

La perseverancia nos mantiene firmes cuando no vemos resultados inmediatos. Hebreos 10:36 declara: "Porque os es necesaria la paciencia, para que habiendo hecho la voluntad de Dios, obtengáis la promesa." La recompensa viene en el tiempo de Dios, no en el nuestro.

El desánimo puede tentar al siervo a abandonar el proceso. Sin embargo, cada paso de obediencia, cada lección aprendida y cada prueba superada nos acercan más al carácter de Cristo.

La perseverancia también inspira a otros. Cuando la gente ve a alguien que sigue sirviendo a pesar de las dificultades, su fe se fortalece. Nuestro testimonio se convierte en un recordatorio de que Dios es fiel en medio de cualquier circunstancia.

Finalmente, la perseverancia en la formación produce un servicio maduro, estable y efectivo. No se trata solo de hacer mucho, sino de hacerlo con un corazón que ha sido probado y aprobado por Dios.

Conclusión

El desarrollo de un corazón de siervo es una obra continua que exige rendición, aprendizaje y perseverancia. No se trata de un logro que alcanzamos una sola vez, sino de un proceso que nos acompaña durante toda la vida. Cada día es una nueva oportunidad para permitir que Dios siga moldeando nuestras motivaciones y purificando nuestras intenciones.

El servicio que agrada a Dios no nace de la obligación ni de la presión, sino de un corazón alineado con su voluntad. Cuando entendemos esto, dejamos de servir para impresionar a otros y comenzamos a servir para honrar al Señor. Esa es la clase de servicio que transforma vidas y edifica la iglesia.

Aceptar el llamado de Dios a desarrollar un corazón de siervo es aceptar su invitación a ser transformados de adentro hacia afuera. Es elegir la ruta más profunda, la que nos forma en el carácter de Cristo y nos prepara para servir con gozo y eficacia hasta el final de nuestros días.

Preguntas de Reflexión

1. ¿Qué motivaciones he descubierto en mi corazón que necesitan ser purificadas para servir con sinceridad?

2. ¿En qué áreas me cuesta más rendir mi voluntad a Dios y cómo puedo entregar esas áreas hoy?

3. ¿Estoy dispuesto a recibir corrección y a aprender de cada experiencia de servicio?

4. ¿De qué manera puedo cultivar mayor sensibilidad al Espíritu Santo en mis decisiones y acciones de servicio?

5. ¿Qué pasos prácticos puedo tomar para perseverar en el proceso de formación, aun cuando sea difícil?

Capítulo 6

El Servicio como Acto de Adoración

Romanos 12:1

"Así que, hermanos, os ruego por las misericordias de Dios, que presentéis vuestros cuerpos en sacrificio vivo, santo, agradable a Dios, que es vuestro culto racional."

Introducción

Para muchos creyentes, la palabra adoración se limita a la música congregacional o a los momentos de oración en la iglesia. Sin embargo, la Biblia nos enseña que la adoración es mucho más que un canto; es una forma de vida. Servir es una de las expresiones más puras de adoración porque convierte nuestra fe en acción. Presentar nuestros cuerpos como sacrificio vivo significa que todo lo que hacemos, incluso las tareas más sencillas, puede convertirse en ofrenda agradable delante de Dios.

El servicio como acto de adoración nos ayuda a romper la división entre lo "sagrado" y lo "secular". Cuando entendemos que cada acción hecha para el Señor tiene valor eterno, nuestra perspectiva sobre el trabajo y el ministerio cambia. Ya no servimos para llenar un horario o cumplir con un deber, sino para honrar al Dios que nos salvó y nos llamó.

En un tiempo donde el cristianismo se ha reducido para muchos a experiencias emotivas, redescubrir que la adoración incluye el servicio es vital. El Señor busca adoradores en espíritu y en verdad, y eso implica un corazón dispuesto a actuar conforme a su voluntad. La verdadera adoración no es pasiva; produce fruto y transforma el entorno.

Este capítulo nos invita a ver cada oportunidad de servir como una oportunidad de adorar. La pregunta es: ¿estamos dispuestos a presentar toda nuestra vida, incluso nuestro servicio, como un sacrificio vivo que glorifique al Señor en todo momento?

Adoración que se expresa en acción

La verdadera adoración no puede quedarse en emociones o palabras; debe manifestarse en acciones concretas. Santiago 1:22 nos exhorta: "Sed hacedores de la palabra, y no tan solamente oidores..." La adoración que agrada a Dios se traduce en obediencia práctica y en servicio a los demás.

Cuando levantamos nuestras manos en adoración, estamos declarando que le pertenecemos al Señor. Pero esa declaración se valida cuando nuestras manos también se extienden para servir al necesitado. Isaías 58 nos recuerda que el ayuno y la adoración que Dios aprueba es aquella que rompe yugos de opresión y comparte el pan con el hambriento.

La adoración sin acción se convierte en hipocresía. Jesús reprendió a los fariseos que honraban a Dios con los labios, pero tenían el corazón lejos de Él (Mateo 15:8). El servicio es la evidencia visible de que nuestra adoración es genuina.

Expresar adoración a través del servicio también nos ayuda a mantenernos enfocados. Cuando servimos, recordamos que nuestra fe no es solo una experiencia interna, sino una misión externa. Así nuestra adoración deja de ser algo centrado en nosotros y se convierte en algo que glorifica a Dios en el mundo.

Cada acto de servicio puede ser una expresión de amor. Desde una palabra de aliento hasta una acción sacrificial, todo puede convertirse en adoración si se hace para agradar al Señor.

Ver el servicio como parte de la adoración nos impulsa a buscar oportunidades para bendecir a otros en el día a día. No esperamos un "culto especial", porque cada día se convierte en altar donde presentamos nuestras acciones a Dios.

El aroma del servicio para Dios

La Biblia utiliza la imagen del incienso para describir la adoración que sube delante del trono de Dios. Filipenses 4:18 dice que las ofrendas dadas a la obra de Dios son "olor fragante, sacrificio acepto, agradable a Dios." De la misma manera, cada acto de servicio hecho con amor es percibido en el cielo como un aroma que agrada al Señor.

Este lenguaje nos ayuda a entender que el servicio no es algo trivial. Puede que nadie lo note en la tierra, pero el cielo lo registra. Hebreos 6:10 nos recuerda que "Dios no es injusto para olvidar vuestra obra y el trabajo de amor que habéis mostrado hacia su nombre..."

El aroma del servicio también purifica el ambiente espiritual. Cuando servimos, desplazamos el egoísmo y el orgullo, y creamos un ambiente donde la presencia de Dios puede manifestarse con mayor libertad.

En el Antiguo Testamento, el incienso debía ser preparado cuidadosamente para que fuera agradable a Dios. De la misma manera, nuestras actitudes al servir deben ser puras y alineadas con su Palabra. Servir de mala gana o con resentimiento no produce aroma agradable, sino que contamina la ofrenda.

Cada vez que servimos con alegría, enviamos una señal al cielo: "Señor, todo es para ti." Esto convierte nuestras acciones en un acto de adoración continua, más allá del tiempo que pasamos en un templo.

Cuando recordamos que nuestro servicio es un aroma para Dios, evitamos la tentación de servir solo cuando es conveniente. Servimos aun cuando no hay aplausos, porque nuestro objetivo es agradar al Señor.

Jesús: nuestro modelo de servicio como adoración

Jesús es el ejemplo perfecto de cómo el servicio se convierte en adoración. En Juan 4:34 declaró: "Mi comida es que haga la voluntad del que me envió, y que acabe su obra." Para Él, servir al Padre era su mayor deleite. Cada milagro, cada enseñanza y cada sacrificio formaban parte de su adoración.

El acto supremo de adoración de Jesús fue la cruz. Filipenses 2:8 dice: "Se humilló a sí mismo, haciéndose obediente hasta la muerte, y muerte de cruz." Este acto de entrega total fue a la vez servicio y adoración, una demostración de amor perfecto al Padre y a la humanidad.

Seguir el ejemplo de Cristo significa servir sin buscar gloria personal. Él lavó los pies de sus discípulos, mostrando que la adoración se expresa en actos de humildad y servicio. Ese gesto fue tan impactante que hasta hoy es uno de los símbolos más poderosos de lo que significa adorar sirviendo.

El ejemplo de Jesús nos inspira a cambiar nuestra perspectiva. En lugar de ver el servicio como una carga, lo vemos como una oportunidad para acercarnos más al corazón de Dios. Cada acto de obediencia se convierte en un eco de su obediencia perfecta.

Servir como Jesús nos libra de la superficialidad espiritual. La adoración ya no se limita a los momentos emotivos, sino que se convierte en una entrega diaria que refleja su carácter.

Cuando imitamos a Cristo en el servicio, nuestra adoración deja de ser algo ocasional y se convierte en un estilo de vida. Así nuestro ministerio impacta a otros de manera duradera.

El servicio como sacrificio de alabanza

Hebreos 13:15-16 nos exhorta: "Así que, ofrezcamos siempre a Dios… sacrificio de alabanza, es decir, fruto de labios que confiesan su nombre. Y de hacer bien y de la ayuda mutua no os olvidéis…" Aquí vemos que la alabanza y el servicio están unidos como sacrificios que agradan a Dios.

Un sacrificio cuesta algo. Servir a veces requiere tiempo, recursos, energía e incluso renunciar a nuestra comodidad. Pero en esa renuncia se encuentra la verdadera adoración.

Cada vez que elegimos servir en lugar de buscar nuestro propio beneficio, estamos ofreciendo un sacrificio de alabanza. Esta clase de adoración tiene poder porque demuestra que Dios es más valioso para nosotros que nuestro tiempo o nuestros deseos.

El servicio sacrificial también transforma nuestro carácter. Nos enseña a depender de Dios para suplir nuestras fuerzas y nos ayuda a desarrollar empatía por los demás.

El sacrificio de alabanza no es solo algo personal, sino comunitario. Cuando la iglesia sirve unida, se convierte en un testimonio vivo que glorifica al Señor.

Entender el servicio como sacrificio de alabanza nos protege de hacerlo solo cuando es fácil. Nos motiva a servir incluso cuando es difícil, porque sabemos que ese sacrificio tiene un valor eterno.

Servir con gratitud en toda circunstancia

La gratitud es el motor que mantiene vivo nuestro servicio. 1 Tesalonicenses 5:18 dice: "Dad gracias en todo, porque esta es la voluntad de Dios para con vosotros en Cristo Jesús." Aun en medio de desafíos, la gratitud nos ayuda a recordar que servir es un privilegio, no un castigo.

Cuando servimos sin gratitud, el servicio se vuelve pesado. Pero un corazón agradecido ve cada oportunidad como un regalo de Dios para sembrar en su Reino.

La gratitud también nos ayuda a mantener la perspectiva correcta. Nos recuerda que lo que hacemos no es para ganar puntos con Dios, sino en respuesta a lo que Él ya hizo por nosotros.

Incluso en momentos de dolor o dificultad, podemos servir con gratitud porque sabemos que Dios usa todo para bien. Esa actitud convierte las tareas más duras en actos de adoración.

Un espíritu agradecido es contagioso. Cuando otros ven nuestra disposición alegre para servir, se sienten motivados a hacer lo mismo. Así la gratitud se multiplica en la comunidad de fe.

Servir con gratitud en toda circunstancia mantiene nuestro corazón alineado con Dios y nos asegura que nuestro servicio seguirá siendo una ofrenda agradable a Él.

Conclusión

El servicio es mucho más que una responsabilidad; es una forma de adoración. Cada tarea, grande o pequeña, puede convertirse en una expresión de amor a Dios cuando se hace con el corazón correcto.

Cuando entendemos que servir es adorar, nuestra motivación cambia. Ya no buscamos reconocimiento humano, sino agradar al Señor. Esta perspectiva transforma incluso las tareas más simples en momentos de encuentro con Dios.

Vivir de esta manera nos convierte en adoradores 24/7, personas cuya vida entera se ha convertido en altar. Así, nuestro servicio se convierte en un testimonio que invita a otros a conocer al Dios que adoramos.

Preguntas de Reflexión

1. ¿Cómo puedo integrar mi servicio diario como parte de mi adoración a Dios?

2. ¿Qué actitudes necesito ajustar para que mi servicio suba como aroma agradable al Señor?

3. ¿De qué manera el ejemplo de Jesús me desafía a servir con mayor entrega?

4. ¿Qué áreas de mi vida requieren sacrificio para que mi servicio sea auténtico?

5. ¿Cómo puedo cultivar un espíritu de gratitud que mantenga mi servicio fresco y alegre?

Capítulo 7

Perseverando en el Servicio Aun en la Adversidad

Gálatas 6:9

"No nos cansemos, pues, de hacer bien; porque a su tiempo segaremos, si no desmayamos."

Introducción

Servir a Dios es un privilegio, pero no siempre es fácil. La adversidad es una realidad que cada siervo enfrenta tarde o temprano. A veces las dificultades vienen de afuera, como oposición o críticas, y otras veces vienen de adentro, como cansancio, desánimo o incluso falta de resultados visibles. Sin embargo, el llamado de Dios no cambia por nuestras circunstancias; el servicio debe continuar aun en medio de la prueba.

En un mundo que valora lo inmediato, la perseverancia se ha convertido en una virtud rara. Muchos comienzan con entusiasmo, pero abandonan cuando llegan los obstáculos. La Biblia nos llama a permanecer firmes, recordándonos que el fruto viene "a su tiempo" y no necesariamente cuando nosotros queremos. Esta verdad es vital para mantenernos en la carrera ministerial.

La perseverancia en el servicio no depende de nuestra fuerza, sino de la gracia de Dios que nos capacita. Cuando tratamos de servir en nuestras propias fuerzas, el agotamiento llega rápido. Pero cuando dependemos del Señor, descubrimos que Él renueva nuestras fuerzas como las águilas y nos permite seguir adelante aun cuando sentimos que no podemos más.

Este capítulo nos desafía a preguntarnos: ¿Qué nos sostiene en el servicio cuando las circunstancias no son favorables? ¿Nuestra motivación es lo suficientemente profunda para resistir la oposición y el cansancio? Dios nos llama a perseverar, porque el fruto de nuestro servicio está garantizado si no desmayamos.

Servir en medio de la oposición

La oposición es inevitable cuando servimos al Señor. Jesús advirtió en Juan 15:20: "Si a mí me han perseguido, también a vosotros os perseguirán." Esto significa que no debemos sorprendernos cuando encontramos resistencia. De hecho, la oposición puede ser señal de que estamos en el camino correcto.

Los apóstoles enfrentaron persecución constante, pero en lugar de detenerse, se fortalecieron en la fe. Hechos 5:41 relata que "ellos salieron de la presencia del concilio, gozosos de haber sido tenidos por dignos de padecer afrenta por causa del Nombre." La oposición no los hizo retroceder, sino avanzar con más valor.

Servir en medio de la oposición requiere discernimiento. No toda crítica es destructiva; a veces Dios usa las dificultades para corregirnos y hacernos más efectivos. Pero cuando la oposición es injusta, debemos recordar que el Señor es nuestro defensor.

La oposición también purifica nuestras motivaciones. Cuando servir deja de ser cómodo, descubrimos si realmente lo hacemos por amor a Dios o por el aplauso de los hombres. La adversidad revela el verdadero estado del corazón del siervo.

Perseverar en medio de la oposición nos hace más dependientes de Dios. La oración se vuelve más ferviente y la fe más sólida. En lugar de desanimarnos, las pruebas pueden convertirse en combustible para seguir sirviendo.

Cuando mantenemos el enfoque en Cristo, la oposición pierde su poder de detenernos. Recordamos que estamos sirviendo para un Reino que no será conmovido y que nuestra recompensa no depende de la aprobación humana.

Servir a pesar del cansancio

El cansancio físico, emocional y espiritual es una de las razones más comunes por las que los siervos abandonan su llamado. Jesús mismo reconoció la necesidad de descanso para sus discípulos en Marcos 6:31: "Venid vosotros aparte... y descansad un poco." Esto nos muestra que el descanso no es opcional, es parte del diseño de Dios.

Sin embargo, el cansancio no debe convertirse en excusa para dejar de servir. Isaías 40:31 promete que "los que esperan a Jehová tendrán nuevas fuerzas." Cuando buscamos al Señor en medio del agotamiento, Él nos renueva de maneras que el descanso físico por sí solo no puede lograr.

Servir a pesar del cansancio requiere aprender a priorizar. No todo lo que es bueno es necesario. Jesús enfocó su ministerio en lo que el Padre le había encomendado, y nosotros debemos hacer lo mismo para evitar el desgaste innecesario.

También es vital aprender a delegar. Moisés estuvo a punto de agotarse hasta que su suegro Jetro le aconsejó compartir la carga (Éxodo 18:17-23). Un siervo que aprende a delegar no pierde control, sino que multiplica la efectividad del ministerio.

El cansancio nos recuerda nuestra dependencia de la gracia de Dios. Nos hace reconocer que no somos superhéroes espirituales, sino vasos frágiles que necesitan ser sostenidos por el Señor.

Cuando seguimos sirviendo en dependencia de Dios, aun en el cansancio, damos testimonio de su poder. La gente ve que no es nuestra fuerza, sino la suya, la que nos permite seguir adelante.

Perseverar cuando el fruto no es inmediato

Una de las pruebas más grandes para el siervo es trabajar sin ver resultados visibles. Jeremías predicó por años sin ver arrepentimiento masivo, pero permaneció fiel. Esta fidelidad es lo que Dios valora.

Gálatas 6:9 nos recuerda que el fruto viene "a su tiempo." Esto significa que hay un tiempo de siembra y un tiempo de cosecha. No podemos apresurar la cosecha, pero sí podemos perseverar en la siembra.

Cuando no vemos resultados, el enemigo trata de sembrar desánimo y hacernos creer que nuestro trabajo es en vano. En esos momentos debemos aferrarnos a 1 Corintios 15:58: "Vuestro trabajo en el Señor no es en vano."

Perseverar sin resultados visibles también prueba nuestras motivaciones. Si servimos solo por los resultados, abandonaremos cuando no los veamos. Pero si servimos para agradar a Dios, permaneceremos constantes.

Dios a menudo trabaja en lo invisible antes de manifestar lo visible. Así como una semilla crece bajo tierra antes de brotar, el fruto de nuestro servicio puede estar desarrollándose en secreto.

Cuando finalmente llega el tiempo de la cosecha, la alegría es mayor porque sabemos que no fue en nuestras fuerzas, sino en las de Dios. Nuestra perseverancia se convierte en testimonio para otros que también están en proceso.

El galardón de los que perseveran

La perseverancia no solo tiene valor en esta vida, sino también en la venidera. Jesús prometió en Mateo 25:21: "Bien, buen siervo y fiel... entra en el gozo de tu señor." Esta es la recompensa que todo siervo fiel anhela escuchar.

El galardón no siempre es visible en la tierra. Puede que nunca recibamos reconocimiento humano, pero Dios lleva cuenta de cada acto de fidelidad. Hebreos 11 está lleno de ejemplos de hombres y mujeres que perseveraron hasta el final y recibieron aprobación divina.

Saber que hay una recompensa eterna nos motiva a seguir firmes. Pablo lo expresó en 2 Timoteo 4:7-8: "He peleado la buena batalla... me está guardada la corona de justicia..." Esta certeza le permitió perseverar aun en prisión.

El galardón de los que perseveran también se ve en el impacto que dejan en otros. Su ejemplo inspira a nuevas generaciones a seguir sirviendo. Así el fruto de su perseverancia se multiplica.

Perseverar nos prepara para reinar con Cristo. Apocalipsis 3:21 dice que al que venciere, Cristo le dará que se siente con Él en su trono. Esta es la culminación del servicio fiel.

Cada vez que recordamos la recompensa eterna, el peso de la prueba se hace más liviano. Servimos con gozo sabiendo que lo mejor está por venir.

La gracia de Dios que sustenta al siervo

La perseverancia no es posible en nuestras propias fuerzas. Pablo reconoció en 1 Corintios 15:10: "Por la gracia de Dios soy lo que soy..." La gracia es el combustible que nos permite continuar cuando todo en nosotros quiere rendirse.

La gracia de Dios no solo nos salva, sino que nos capacita para servir. 2 Corintios 12:9 nos recuerda que su poder se perfecciona en nuestra debilidad. Esto significa que nuestros momentos más difíciles pueden convertirse en los más fructíferos si dependemos de Él.

La gracia nos sostiene emocionalmente. Cuando somos heridos o incomprendidos, la gracia sana nuestro corazón y nos da la fuerza para perdonar y seguir sirviendo.

También nos sostiene espiritualmente. Nos recuerda que el servicio no es un medio para ganar el favor de Dios, sino una respuesta a la gracia que ya hemos recibido. Esto nos libra de la culpa y del perfeccionismo.

La gracia nos mantiene humildes. Nos recuerda que el éxito en el ministerio no es por nuestra habilidad, sino por el favor de Dios. Así evitamos la soberbia y damos toda la gloria al Señor.

Cuando dependemos de la gracia, descubrimos que la perseverancia es posible. No porque seamos fuertes, sino porque Aquel que nos llamó es fiel para sostenernos hasta el final.

Conclusión

Perseverar en el servicio no es una opción, es una necesidad para cumplir el llamado de Dios. Las pruebas, el cansancio y la falta de resultados son parte del camino, pero también son oportunidades para crecer y depender más del Señor.

Cada acto de perseverancia es un testimonio vivo del poder de Dios obrando en nosotros. No servimos solo cuando es fácil, sino también cuando es difícil, porque sabemos que nuestra recompensa es eterna.

Seguir sirviendo en medio de la adversidad nos convierte en siervos maduros, formados por el fuego de las pruebas y capacitados para inspirar a otros. Así cumplimos el mandato de no cansarnos de hacer el bien.

Preguntas de Reflexión

1. ¿Qué tipo de oposición he enfrentado en mi servicio y cómo he respondido a ella?

2. ¿Estoy cuidando mi salud física y emocional para poder servir de manera sostenible?

3. ¿Cómo puedo fortalecer mi fe cuando no veo resultados inmediatos?

4. ¿De qué manera recordar la recompensa eterna me motiva a seguir perseverando?

5. ¿Estoy dependiendo de la gracia de Dios o de mis propias fuerzas para continuar sirviendo?

Capítulo 8

El Impacto del Servicio en la Iglesia

Efesios 4:16

"De quien todo el cuerpo, bien concertado y unido entre sí por todas las coyunturas que se ayudan mutuamente, según la actividad propia de cada miembro, recibe su crecimiento para ir edificándose en amor."

Introducción

El servicio no es solo una expresión individual de obediencia; es una herramienta poderosa que Dios usa para edificar la iglesia. Cada vez que un creyente sirve, algo en el cuerpo de Cristo se fortalece. La iglesia es comparada en la Biblia con un cuerpo, donde cada miembro tiene una función vital. Cuando todos sirven en su lugar, el cuerpo crece sano y se mantiene fuerte.

En la iglesia moderna, muchas veces se ha reducido el servicio a un pequeño grupo de voluntarios, mientras el resto permanece pasivo. Esta dinámica ha debilitado el impacto de la iglesia en el mundo, porque no fue diseñada para funcionar con unos pocos haciendo el trabajo de muchos. El plan de Dios es que cada creyente participe activamente en la misión.

El servicio dentro de la iglesia también tiene un efecto sanador. Cuando servimos juntos, las heridas comienzan a sanar, las divisiones se reducen y la comunión se fortalece. Esto crea un ambiente de amor que atrae a los que están buscando esperanza.

Este capítulo nos invita a reflexionar sobre el papel que juega nuestro servicio en la salud y el crecimiento de la iglesia. ¿Estamos aportando al fortalecimiento del cuerpo de Cristo o somos espectadores? Dios nos llama a ser participantes activos de la obra que Él está haciendo en su iglesia.

El servicio fortalece la unidad

El servicio compartido une los corazones. Filipenses 2:2 nos exhorta: "Completad mi gozo, sintiendo lo mismo, teniendo el mismo amor, unánimes, sintiendo una misma cosa." Cuando servimos juntos, las diferencias pierden protagonismo y crece la colaboración.

La unidad no significa uniformidad; significa que cada miembro aporta desde su llamado y su don, pero todos trabajan con un mismo propósito. Esta diversidad en unidad refleja el carácter de Dios y muestra al mundo que el evangelio puede reconciliar lo que antes estaba dividido.

Servir juntos también reduce los conflictos internos. Muchas discusiones se disipan cuando el enfoque vuelve a la misión. En lugar de pelear por preferencias, nos enfocamos en cumplir la Gran Comisión.

El servicio fomenta relaciones profundas. Cuando dos creyentes trabajan lado a lado en la obra del Señor, se forman vínculos de amistad y confianza que fortalecen la comunidad.

La unidad que produce el servicio también es un testimonio poderoso. Jesús dijo en Juan 13:35 que el amor mutuo sería la señal de que somos sus discípulos. Servir juntos es una de las maneras más prácticas de expresar ese amor.

Cuando la iglesia sirve unida, se convierte en un lugar de refugio donde la gente siente que pertenece. La unidad se convierte en un atractivo para los que están buscando un lugar donde ser restaurados.

El servicio produce crecimiento espiritual

Servir no solo beneficia a la iglesia; también transforma al que sirve. Hebreos 5:14 enseña que "el alimento sólido es para los que han alcanzado madurez, para los que por el uso tienen los sentidos ejercitados en el discernimiento del bien y del mal." Servir es una de las formas en que ejercitamos nuestra fe.

El servicio nos saca de la comodidad y nos obliga a depender de Dios. Cada vez que decimos "sí" a una tarea, tenemos la oportunidad de ver a Dios obrar en nosotros y a través de nosotros.

El crecimiento espiritual ocurre cuando aplicamos lo que aprendemos. Escuchar la Palabra es el primer paso, pero ponerla en práctica a través del servicio es lo que produce madurez.

Servir también nos expone a nuevas experiencias que moldean nuestro carácter. Aprendemos paciencia al trabajar con otros, humildad al reconocer que no siempre tendremos el control y compasión al interactuar con personas en necesidad.

La iglesia que fomenta el servicio intencionalmente está formando discípulos más sólidos. El servicio se convierte en un laboratorio de aprendizaje donde los creyentes descubren sus dones y crecen en su relación con Dios.

Un creyente que sirve activamente experimenta una fe más viva y relevante. Su cristianismo deja de ser teórico y se convierte en algo práctico que impacta su vida diaria.

El servicio multiplica el alcance del evangelio

La iglesia no fue llamada a ser un club social, sino una comunidad en misión. Hechos 6 muestra que cuando los discípulos organizaron el servicio de las mesas, "crecía la palabra del Señor, y el número de los discípulos se multiplicaba grandemente." El servicio bien organizado libera a la iglesia para cumplir su propósito evangelístico.

Cada acto de servicio es una oportunidad de mostrar el amor de Cristo de forma tangible. Desde alimentar al hambriento hasta visitar al enfermo, cada acción comunica el evangelio sin necesidad de palabras.

El servicio también abre puertas en la comunidad. Cuando la iglesia es conocida por su disposición a ayudar, la gente se vuelve más receptiva al mensaje de salvación.

Multiplicar el alcance del evangelio requiere que cada creyente tome su lugar. No se trata de unos pocos ministros trabajando incansablemente, sino de toda la iglesia en movimiento.

Cuando el servicio se convierte en una cultura, el impacto es exponencial. Cada persona alcanzada puede convertirse en alguien que sirve, creando un ciclo de crecimiento continuo.

Así, el servicio no es un fin en sí mismo, sino una herramienta para que el evangelio llegue a más personas. Es la manera en que la iglesia cumple su misión de ser luz en medio de las tinieblas.

El servicio crea un ambiente de amor y restauración

La iglesia debe ser el lugar donde las personas heridas encuentran esperanza. Gálatas 6:2 nos instruye: "Sobrellevad los unos las cargas de los otros, y cumplid así la ley de Cristo." El servicio mutuo es una forma de cumplir esa ley de amor.

Cuando servimos a otros, creamos un espacio seguro donde las personas pueden ser sanadas. Las palabras pueden animar, pero las acciones demuestran el amor de manera palpable.

El servicio también derriba barreras. Muchas personas llegan a la iglesia desconfiadas o heridas, pero cuando experimentan actos de bondad, su corazón se ablanda y se abre para recibir la Palabra.

Crear un ambiente de amor requiere intencionalidad. No basta con esperar que la gente se sienta bienvenida; debemos actuar de manera proactiva para incluir, abrazar y restaurar.

Cuando el servicio se convierte en parte de la cultura de la iglesia, se desarrolla una atmósfera de aceptación. La gente se siente valorada no por lo que puede aportar, sino por lo que son en Cristo.

Una iglesia que sirve con amor se convierte en un faro para la comunidad. Es un testimonio viviente de que el Reino de Dios está presente y activo en medio de ellos.

El servicio como testimonio al mundo

Jesús dijo en Mateo 5:16: "Así alumbre vuestra luz delante de los hombres, para que vean vuestras buenas obras, y glorifiquen a vuestro Padre que está en los cielos." El servicio es una de las formas más poderosas de predicación sin palabras.

Cuando la iglesia sirve de manera visible y desinteresada, el mundo toma nota. En una sociedad marcada por el egoísmo, el servicio desinteresado es un acto contracultural que despierta curiosidad.

El servicio también responde a necesidades reales. No es solo un mensaje, es una manifestación del amor de Dios en acción. Esto derriba argumentos y prepara el terreno para la proclamación del evangelio.

El testimonio del servicio es más convincente que mil sermones. La gente puede debatir nuestras palabras, pero no puede negar un acto de amor genuino.

Cuando servimos de manera excelente, glorificamos a Dios. La excelencia en el servicio comunica que lo que hacemos es importante y que el Señor a quien servimos es digno de lo mejor.

El mundo necesita ver una iglesia que no solo predique, sino que también actúe. Nuestro servicio es una carta abierta que muestra quién es Cristo y lo que Él puede hacer en la vida de una persona.

Conclusión

El servicio no es opcional en la vida de la iglesia; es esencial para su crecimiento, unidad y testimonio. Cada creyente que sirve contribuye a que el cuerpo de Cristo se edifique en amor.

El impacto del servicio es transformador: une, edifica, sana y multiplica el alcance del evangelio. Cuando la iglesia se mueve en servicio, el Reino de Dios avanza con poder.

Aceptar el llamado a servir es aceptar el privilegio de ser parte activa de lo que Dios está haciendo en la tierra. Así nos convertimos en una iglesia viva, relevante y lista para recibir la cosecha que viene.

Preguntas de Reflexión

1. ¿Cómo mi servicio actual está contribuyendo a la unidad de mi iglesia?

2. ¿De qué manera el servicio me ha ayudado a crecer espiritualmente?

3. ¿Estoy ayudando a que el evangelio se multiplique a través de mi servicio?

4. ¿Qué acciones prácticas puedo tomar para crear un ambiente de amor y restauración en mi congregación?

5. ¿Está mi servicio reflejando a Cristo de tal manera que otros glorifiquen a Dios?

Capítulo 9

Venciendo el Desánimo y el Cansancio

Isaías 40:31
"Pero los que esperan a Jehová tendrán nuevas fuerzas; levantarán alas como las águilas; correrán, y no se cansarán; caminarán, y no se fatigarán."

Introducción

El desánimo es una de las armas más sutiles y devastadoras que el enemigo usa para detener el avance del creyente en su servicio a Dios. Muchas veces no llega de manera repentina, sino que se va acumulando en el corazón a través de decepciones, fatiga física y expectativas no cumplidas. El cansancio, por su parte, es inevitable en la vida humana, pero puede convertirse en un obstáculo cuando no sabemos renovarnos en la presencia del Señor. La combinación de desánimo y agotamiento puede paralizar incluso al creyente más fiel.

El pueblo de Dios ha enfrentado esta realidad desde tiempos antiguos. Los salmos están llenos de clamor de hombres que sintieron que sus fuerzas se agotaban y que su alma se debilitaba en medio de la prueba. Sin embargo, esos mismos salmos también nos muestran que la solución está en levantar la mirada hacia Dios, quien es la fuente inagotable de fortaleza. Cuando aprendemos a esperar en Él, nuestras fuerzas son renovadas de una manera que va más allá de lo físico; recibimos un vigor espiritual que nos capacita para seguir adelante.

Hoy, en la iglesia moderna, el desánimo se ha vuelto común debido a la presión de los resultados inmediatos y la comparación con los demás. Muchos líderes y servidores luchan en silencio, cargando pesos que no fueron diseñados para llevar solos. El agotamiento espiritual y emocional ha producido una generación que fácilmente abandona su lugar de servicio cuando las cosas se ponen difíciles. Esto es una señal de alerta de que necesitamos volver a las fuentes bíblicas de renovación.

¿Te has sentido tentado a rendirte, a soltar la toalla porque parece que tus esfuerzos no dan fruto? Este capítulo es un recordatorio de que Dios no nos llama a vivir desgastados, sino fortalecidos en su poder. Él tiene provisión de nuevas fuerzas para cada etapa de nuestra vida, y quiere enseñarnos a vencer el desánimo y el cansancio para seguir corriendo la carrera que tenemos por delante.

Reconociendo las fuentes del desánimo

El primer paso para superar el desánimo es identificar de dónde proviene. Muchas veces está ligado a expectativas frustradas: esperábamos que algo sucediera de cierta manera y no fue así. El profeta Elías experimentó esto después de su gran victoria en el Monte Carmelo; en lugar de ver un avivamiento nacional, recibió amenazas de muerte y terminó bajo un enebro deseando morir (1 Reyes 19:4). Este episodio nos muestra que incluso los siervos más ungidos pueden caer en desánimo si no evalúan sus pensamientos y emociones a la luz de la verdad de Dios.

Otra fuente común de desánimo es la comparación. Cuando miramos el éxito de otros y sentimos que nuestro esfuerzo es pequeño, nuestro gozo se apaga. El apóstol Pablo advierte en 2 Corintios 10:12 que no es sabio compararnos, pues cada uno tiene su propio campo de labor asignado por Dios. Cuando dejamos de ver nuestra asignación como valiosa, el servicio se convierte en una carga en lugar de un privilegio.

También es importante reconocer el peso de las palabras negativas. El desánimo se alimenta cuando prestamos oído a críticas destructivas o a voces que cuestionan nuestro llamado. Nehemías enfrentó oposición constante mientras reconstruía los muros de Jerusalén, pero se mantuvo firme porque tenía claridad de su misión. Si no identificamos estas voces y las confrontamos con la Palabra, nos desgastarán lentamente.

El cansancio físico puede ser otra raíz del desánimo. Cuando el cuerpo está agotado, la mente y el espíritu también son más vulnerables. Jesús mismo reconoció esta realidad cuando invitó a sus discípulos a apartarse a descansar después de un tiempo de intenso ministerio (Marcos 6:31). Ignorar las señales del cuerpo puede abrir la puerta a una crisis emocional.

Finalmente, el desánimo puede tener raíces espirituales. El enemigo busca robar nuestra esperanza y apagar nuestro fervor, especialmente cuando estamos en una temporada de avance. Efesios 6:16 nos recuerda que la fe apaga los dardos de fuego del maligno; entre ellos, el dardo del desánimo. Reconocer que estamos en guerra espiritual nos ayuda a tomar la armadura de Dios y resistir.

Por lo tanto, reconocer la raíz del desánimo es un acto de sabiduría espiritual. Nos permite ir directamente a la fuente y tratarla en oración, en consejo sabio y en descanso adecuado. Cuando entendemos de dónde viene nuestra carga, podemos entregarla a Dios y recibir su fortaleza para continuar.

La importancia del descanso y el cuidado personal

Dios diseñó el descanso como una parte esencial de la vida. Desde la creación del mundo, estableció el día de reposo no solo como un mandato, sino como un regalo para la restauración del ser humano (Génesis 2:2-3). Servir sin descanso lleva al agotamiento y eventualmente a perder la pasión por lo que hacemos. La fatiga acumulada puede convertirse en un enemigo silencioso que debilita nuestra capacidad de amar y servir a otros.

Jesús enseñó a sus discípulos a valorar el descanso. Después de enviar a los setenta a predicar y sanar, los invitó a apartarse para estar a solas con Él (Marcos 6:31). Este principio sigue vigente para nosotros hoy: necesitamos tiempos de quietud en la presencia de Dios para recargar no solo el cuerpo, sino también el alma. Un creyente que descansa en Dios sirve con frescura y energía renovada.

El cuidado personal no es egoísmo, es responsabilidad. 1 Corintios 6:19-20 nos recuerda que nuestro cuerpo es templo del Espíritu Santo, y por lo tanto debemos cuidarlo. Esto incluye hábitos de alimentación saludable, ejercicio moderado y descanso suficiente. Un siervo agotado no puede sostener la carga de otros por mucho tiempo.

Además del descanso físico, necesitamos descanso emocional. Esto puede implicar tener conversaciones honestas, buscar consejería espiritual o incluso tomar un retiro para procesar cargas profundas. David expresaba su alma delante de Dios en los salmos y encontraba en ello alivio y fortaleza. La salud emocional es crucial para mantenernos firmes en el ministerio.

El descanso también implica desconexión de las distracciones. En un mundo lleno de ruido, apartar tiempo para estar en silencio con Dios es vital. Isaías 30:15 dice: "en quietud y en confianza será vuestra fortaleza." Muchos creyentes viven cansados porque nunca se detienen a escuchar la voz del Señor.

Un estilo de vida que incluye descanso y cuidado personal es una inversión en la longevidad del servicio. Los que aprenden a cuidarse a sí mismos pueden servir por más tiempo, con mayor gozo y menos probabilidades de quemarse. El descanso no es una pérdida de tiempo, es parte de la estrategia de Dios para mantenernos efectivos.

Fortalecerse en el Señor en medio de la batalla

En tiempos de desánimo, es crucial aprender a fortalecer el espíritu en Dios. David es un ejemplo claro: cuando todo parecía perdido y su propio pueblo hablaba de apedrearlo, "David se fortaleció en Jehová su Dios" (1 Samuel 30:6). Esta decisión de buscar la fortaleza divina en lugar de rendirse cambió el curso de los acontecimientos. La oración fue su refugio y su estrategia para recibir dirección y esperanza.

Fortalecerse en el Señor implica recordar sus promesas. Efesios 6:10 nos dice: "fortaleceos en el Señor y en el poder de su fuerza." No es una fuerza humana, es sobrenatural. Cuando meditamos en la Palabra y proclamamos la fidelidad de Dios, nuestra fe se levanta y el desánimo pierde poder.

La adoración también es un arma poderosa contra el cansancio espiritual. Pablo y Silas cantaron himnos en la cárcel, y su adoración trajo liberación (Hechos 16:25-26). La adoración cambia la atmósfera interna y nos conecta con la perspectiva del cielo. No es solo un acto musical, es un acto de guerra espiritual.

Es vital rodearse de personas que hablen vida. Moisés necesitó que Aarón y Hur sostuvieran sus brazos en la batalla (Éxodo 17:12). En tiempos de desánimo, tener una comunidad de apoyo puede marcar la diferencia. Dios usa a otros para recordarnos que no estamos solos y para impulsarnos a seguir sirviendo.

Fortalecerse en el Señor también implica renunciar a la autocompasión. Es fácil caer en el "pobrecito de mí" cuando estamos cansados, pero esa actitud nos inmoviliza. Filipenses 4:13 nos recuerda que todo lo podemos en Cristo que nos fortalece. La fe nos saca del hoyo emocional y nos lleva a la acción.

Finalmente, debemos pedirle al Espíritu Santo que renueve nuestro interior. Él es el Consolador y el que nos da poder para ser testigos (Hechos 1:8). Cuando buscamos su llenura, experimentamos un nuevo vigor para servir y enfrentar los retos que antes parecían imposibles.

Mantener la perspectiva eterna

Una de las formas más efectivas de vencer el desánimo es mantener la mirada en lo eterno. Cuando solo vemos el presente, nuestras luchas parecen más grandes de lo que realmente son. Colosenses 3:2 nos exhorta: "Poned la mira en las cosas de arriba, no en las de la tierra." Esta perspectiva nos ayuda a entender que nuestro trabajo para el Señor tiene un valor que trasciende esta vida.

El apóstol Pablo enfrentó prisiones, azotes y peligros de muerte, pero pudo declarar en 2 Corintios 4:17 que "esta leve tribulación momentánea produce en nosotros un cada vez más excelente y eterno peso de gloria." Ver el sufrimiento como algo temporal cambia nuestra actitud. El desánimo pierde fuerza cuando recordamos que lo que hacemos tiene recompensa eterna.

Mantener la perspectiva eterna también nos guarda de caer en la desesperación cuando no vemos resultados inmediatos. Hebreos 6:10 asegura que Dios no es injusto para olvidar nuestro trabajo. Aunque nadie lo reconozca en la tierra, el cielo lleva cuenta de cada acto de obediencia.

La esperanza de la eternidad es un ancla para el alma (Hebreos 6:19). Cuando todo alrededor parece moverse, esta esperanza nos mantiene firmes. Nos recuerda que la vida no termina con esta etapa y que lo que viene es mucho mejor.

Además, la perspectiva eterna nos ayuda a priorizar correctamente. Cuando vivimos con la mirada en el cielo, no nos desgastamos en cosas pasajeras. Aprendemos a invertir nuestro tiempo y energía en lo que realmente importa para el Reino de Dios.

En última instancia, el desánimo se debilita cuando recordamos que un día veremos a Cristo cara a cara y escucharemos: "Bien, buen siervo y fiel" (Mateo 25:21). Ese pensamiento nos da fuerzas para seguir sirviendo aun en medio de lágrimas.

Recuperando el gozo de servir

El gozo es una de las primeras cosas que el enemigo intenta robarnos cuando estamos cansados. Sin gozo, el servicio se convierte en una obligación pesada. Nehemías 8:10 dice que "el gozo de Jehová es vuestra fuerza"; por lo tanto, recuperarlo es vital para renovar nuestras energías.

Una manera de recuperar el gozo es recordar por qué comenzamos a servir. Volver al primer amor (Apocalipsis 2:4-5) nos ayuda a refrescar nuestra motivación. Cuando recordamos cómo Dios nos salvó y nos llamó, el servicio vuelve a ser un privilegio y no una carga.

También es importante celebrar las pequeñas victorias. Muchas veces esperamos grandes resultados para alegrarnos, pero Dios se goza en cada paso de obediencia. Lucas 15 nos muestra que el cielo celebra aun por un pecador que se arrepiente; de la misma manera, debemos alegrarnos por cada fruto, por pequeño que parezca.

La gratitud es otra llave para el gozo. Cuando comenzamos a dar gracias por las oportunidades de servir, nuestro enfoque cambia. En lugar de ver lo que falta, vemos lo que Dios ya está haciendo. Esto trae contentamiento y renueva la pasión.

Orar por un nuevo derramamiento del Espíritu también restaura el gozo. El Salmo 51:12 dice: "Vuélveme el gozo de tu salvación." Dios puede encender nuevamente el fuego en el corazón del siervo que se siente apagado.

Finalmente, compartir con otros lo que Dios está haciendo produce gozo compartido. Testificar de su fidelidad nos recuerda que no estamos solos y que nuestra labor está teniendo impacto. El gozo renovado se convierte en fuerza para seguir sirviendo.

Conclusión

Vencer el desánimo y el cansancio no es un acto único, sino un proceso continuo de renovación en la presencia de Dios. Cada día es una oportunidad para entregar nuestras cargas y recibir fuerzas nuevas. Dios no espera que enfrentemos la vida con nuestras propias energías, sino con la fortaleza que Él mismo provee.

Cuando aprendemos a reconocer las raíces del desánimo, a cuidar nuestro cuerpo y alma, a fortalecernos en el Señor, a mantener la perspectiva eterna y a recuperar el gozo, descubrimos que el servicio puede ser una fuente de vida y no de desgaste. Nuestra confianza deja de estar en los resultados visibles y se enfoca en la fidelidad de Dios, que nunca falla.

Este capítulo es un llamado a no rendirse. Aunque el cansancio sea real y el desánimo intente detenernos, el Señor nos invita a levantar alas como las águilas y seguir corriendo sin fatigarnos. Su gracia es suficiente para sostenernos hasta cumplir el propósito para el cual fuimos llamados.

Preguntas de Reflexión

1. ¿Cuáles son las principales fuentes de desánimo en tu vida actualmente?

2. ¿Estás dedicando tiempo regular para descansar y cuidar tu cuerpo y tu alma?

3. ¿Qué promesas bíblicas te fortalecen en tiempos de cansancio espiritual?

4. ¿Cómo puedes mantener una perspectiva eterna en medio de los desafíos que enfrentas?

5. ¿Qué pasos prácticos puedes tomar esta semana para recuperar el gozo de servir?

Capítulo 10

El Legado del Servicio

1 Corintios 15:58

"Así que, hermanos míos amados, estad firmes y constantes, creciendo en la obra del Señor siempre, sabiendo que vuestro trabajo en el Señor no es en vano."

Introducción

Todos dejamos un legado, queramos o no. La pregunta es qué tipo de huella estamos dejando en la vida de los demás. El servicio cristiano no se limita al momento presente; tiene un efecto acumulativo que se proyecta hacia el futuro. Cada acto de obediencia y cada momento de entrega siembra algo que puede dar fruto en generaciones que ni siquiera hemos conocido todavía.

La Biblia está llena de ejemplos de hombres y mujeres que dejaron un legado a través de su servicio. Abraham dejó una herencia de fe, Moisés dejó un pueblo conducido hacia la tierra prometida, y el apóstol Pablo dejó cartas que siguen edificando la iglesia hasta hoy. Sus vidas demuestran que el servicio fiel trasciende el tiempo y continúa hablando mucho después de que el siervo ha partido.

Hoy más que nunca, la iglesia necesita creyentes que sirvan pensando en el mañana. Vivimos en una cultura que premia lo inmediato y descarta lo que parece insignificante, pero Dios nos llama a mirar más allá. Cada oración, cada palabra de ánimo, cada obra de servicio es una semilla plantada en el terreno de la eternidad.

¿Estás sirviendo de una manera que inspire a otros y deje una herencia de fe? Este capítulo nos invita a reflexionar sobre la importancia de invertir nuestras vidas en algo que tenga valor eterno y a considerar cómo podemos construir un legado que honre a Dios y bendiga a las generaciones que vienen detrás de nosotros.

Servir pensando en las próximas generaciones

El servicio cristiano tiene un impacto que va más allá de nuestra vida. Deuteronomio 6:6-7 nos instruye a enseñar diligentemente los mandamientos de Dios a nuestros hijos, hablando de ellos en todo momento. Esto implica que nuestro servicio no solo debe ser visible, sino también reproducible. Cuando otros ven nuestra fidelidad, se inspiran a seguir el mismo camino.

Josué entendió este principio al levantar doce piedras en el Jordán como señal para las futuras generaciones (Josué 4:6-7). Estas piedras serían un recordatorio tangible de la fidelidad de Dios. De la misma manera, nuestro servicio puede ser una señal visible que inspire fe en los que vienen detrás.

Servir pensando en el futuro requiere intencionalidad. No se trata solo de lo que hacemos, sino de cómo modelamos el corazón de siervo. Los hijos y jóvenes observan si servimos con gozo o con queja, si somos constantes o inconsistentes. Nuestro ejemplo moldea su comprensión de lo que significa servir a Dios.

El legado de servicio también se transmite a través de la enseñanza. Pablo instruyó a Timoteo a encargar lo que había aprendido a hombres fieles que fueran idóneos para enseñar a otros (2 Timoteo 2:2). Este es un modelo de multiplicación espiritual que garantiza la continuidad del servicio en la iglesia.

Incluso cuando enfrentamos dificultad, perseverar en el servicio muestra a otros que vale la pena mantenerse fiel. Hebreos 12:1 nos anima a correr con paciencia la carrera, sabiendo que una nube de testigos nos observa. Nuestra perseverancia puede ser el testimonio que motive a alguien más a no rendirse.

Servir pensando en las próximas generaciones es un acto de fe. Creemos que lo que sembramos hoy producirá cosecha mañana, aunque no estemos para verla. Esto nos libra de la tentación de vivir solo para el momento y nos impulsa a construir para el Reino de Dios.

El servicio como siembra de eternidad

Cada acto de servicio es una semilla sembrada en el terreno del Reino. Gálatas 6:7-9 nos recuerda que todo lo que el hombre sembrare, eso también segará, y nos exhorta a no cansarnos de hacer el bien. El servicio es una inversión que dará fruto a su tiempo, aunque parezca que nada está sucediendo.

Jesús usó muchas parábolas agrícolas para ilustrar el principio de siembra y cosecha. En Marcos 4:26-29 habló de la semilla que crece de manera secreta hasta que llega el momento de la siega. Así es nuestro servicio: aunque no veamos resultados inmediatos, Dios está obrando en lo invisible.

La siembra no siempre es cómoda. A veces implica lágrimas y sacrificio. El Salmo 126:5-6 dice que los que siembran con lágrimas segarán con regocijo. Esto nos recuerda que el fruto viene después del esfuerzo, y que el gozo de la cosecha compensa el dolor de la siembra.

Servir con la eternidad en mente también implica calidad en lo que hacemos. 1 Corintios 3:13-14 nos advierte que la obra de cada uno será probada por fuego, y solo lo que tenga valor eterno permanecerá. Esto nos motiva a servir con excelencia y no de manera superficial.

El servicio como siembra también nos guarda de la desesperación cuando no vemos resultados. La fe nos dice que la semilla está creciendo aunque no podamos verla. Esta convicción nos ayuda a mantenernos firmes y a seguir sembrando aun cuando el terreno parece árido.

En última instancia, el servicio como siembra de eternidad nos conecta con el corazón de Dios. Él es el gran sembrador que sigue trabajando en el campo de la humanidad. Participar en su obra es un privilegio y una oportunidad de dejar una marca en la historia del Reino.

Inspirando a otros a través del ejemplo

Un legado poderoso no solo se transmite con palabras, sino con acciones. Pablo pudo decir a los corintios: "Sed imitadores de mí, así como yo de Cristo" (1 Corintios 11:1). Esto nos muestra que nuestro ejemplo es una herramienta de discipulado tan fuerte como la enseñanza verbal.

El ejemplo inspira cuando es consistente. La gente observa no solo lo que hacemos en público, sino también cómo reaccionamos en lo privado. Un servidor que mantiene su integridad aun en tiempos difíciles inspira a otros a perseverar.

Los líderes espirituales tienen una responsabilidad especial en este aspecto. Hebreos 13:7 nos manda a considerar el resultado de la conducta de nuestros guías y a imitar su fe. Esto implica que el servicio de los líderes debe ser un modelo digno de seguir.

Nuestro ejemplo puede ser el catalizador para que otros encuentren su lugar de servicio. A veces, las palabras no son suficientes para motivar; ver a alguien sirviendo con gozo puede encender el deseo en otros de hacer lo mismo.

El testimonio del servicio fiel también tiene poder evangelístico. Jesús dijo que el mundo conocería que somos sus discípulos por el amor que tenemos unos a otros (Juan 13:35). Servir de manera visible y práctica muestra a Cristo de una manera que las palabras solas no pueden expresar.

Inspira a otros recordando que no estás construyendo solo para ti. Tu vida es una carta abierta que otros están leyendo. Deja que el mensaje que transmites con tu servicio sea uno que lleve a otros más cerca de Dios.

Servir con la eternidad en mente

Servir con la eternidad en mente significa que no buscamos recompensas inmediatas, sino la aprobación de Dios. Jesús exhortó en Mateo 6:20 a hacer tesoros en el cielo, donde nada los puede destruir. Cada acto de servicio es un depósito en esa cuenta celestial.

Esta mentalidad también nos libra de la amargura cuando otros no reconocen nuestro esfuerzo. Colosenses 3:23-24 nos recuerda que del Señor recibiremos la recompensa de la herencia. Cuando servimos para Él, no necesitamos aplausos humanos para seguir adelante.

Servir con la eternidad en mente también nos ayuda a mantenernos enfocados en lo que realmente importa. No desperdiciamos energía en pleitos innecesarios ni en actividades que no edifican. Aprendemos a decir "no" a lo que nos distrae del propósito principal.

La perspectiva eterna nos motiva a dar lo mejor de nosotros. Saber que nuestra obra será recompensada nos impulsa a hacerla con excelencia. Dios merece lo mejor, no lo que sobra de nuestro tiempo y energía.

Servir pensando en la eternidad también nos da consuelo en medio de las pérdidas. Sabemos que nada de lo que hacemos para Dios es en vano, incluso si no vemos el resultado en esta vida. Esta verdad nos sostiene en medio de la adversidad.

Finalmente, la esperanza de escuchar las palabras "Bien, buen siervo y fiel" (Mateo 25:21) es la mayor motivación para seguir sirviendo. Ese día, todo sacrificio habrá valido la pena, y nuestra recompensa será eterna.

El legado que agrada a Dios

El legado más valioso que podemos dejar no es material, sino espiritual. Proverbios 13:22 dice que el bueno dejará herencia a los hijos de sus hijos, y aunque esto incluye provisión, también habla de una herencia de fe. Un legado que agrada a Dios es aquel que acerca a otros a Cristo.

Dejar un legado significa vivir con intencionalidad. No sucede por accidente. Requiere evaluar nuestras prioridades y asegurarnos de que estamos sembrando en lo que tiene valor eterno.

Un legado que agrada a Dios también se caracteriza por la obediencia. La historia de Noé es un ejemplo poderoso: su obediencia salvó a su familia y marcó el futuro de la humanidad (Génesis 6:22). Nuestro servicio puede tener efectos que desconocemos en generaciones futuras.

Además, el legado se construye día a día. No se trata de grandes gestos ocasionales, sino de la constancia en el servicio. Cada acto pequeño suma y forma parte de la herencia que dejamos.

Dios se agrada de un legado que refleje su carácter. Miqueas 6:8 dice que lo que Él demanda de nosotros es hacer justicia, amar misericordia y humillarnos ante Él. Un servicio que encarne estas virtudes es un legado que trasciende.

Cuando vivimos de esta manera, nuestro legado se convierte en una antorcha que otros pueden tomar para seguir corriendo la carrera. Así, nuestra vida sigue dando fruto aun después de haber partido.

Conclusión

El legado del servicio es uno de los regalos más preciosos que podemos dejar. No se trata solo de lo que hacemos, sino del impacto que tiene en otros y en las generaciones futuras. Cada acto de fidelidad es una inversión que produce fruto eterno.

Este capítulo nos recuerda que el servicio no es un esfuerzo aislado, sino parte de un plan mayor de Dios. Nuestro trabajo en el Señor no es en vano, y el día vendrá en que veremos la cosecha de todo lo que sembramos.

Por lo tanto, sirvamos con la mirada en la eternidad y el corazón enfocado en agradar a Dios. Lo que construyamos hoy será la herencia que otros recibirán mañana. Deja un legado que inspire, que edifique y que glorifique al Señor.

Preguntas de Reflexión

1. ¿Qué tipo de legado estás dejando con tu servicio hoy?

2. ¿De qué manera puedes intencionalmente sembrar en las próximas generaciones?

3. ¿Estás sirviendo con la mirada en lo eterno o buscando resultados inmediatos?

4. ¿Qué ajustes necesitas hacer para que tu servicio inspire a otros?

5. ¿Cómo puedes asegurarte de que tu legado sea uno que agrade a Dios?

Capítulo 11

El Poder del Servicio en Unidad

Juan 17:21
"Para que todos sean uno; como tú, oh Padre, en mí, y yo en ti, que también ellos sean uno en nosotros; para que el mundo crea que tú me enviaste."

Introducción

La unidad es una de las verdades más poderosas y, a la vez, más atacadas dentro del cuerpo de Cristo. Desde los inicios de la iglesia, el enemigo ha intentado dividir, porque sabe que una iglesia unida es imparable. Jesús mismo, en su oración sacerdotal, rogó al Padre que sus discípulos fueran uno, mostrando que la unidad no es un lujo, sino una necesidad espiritual para el cumplimiento de la misión.

El servicio en unidad multiplica el impacto del trabajo del Reino. Lo que uno solo no puede lograr, un grupo de siervos trabajando juntos en armonía lo hace posible. En la iglesia primitiva, esta verdad se evidenció claramente: su unanimidad en oración y servicio provocó un mover del Espíritu Santo que transformó el mundo conocido de su tiempo.

Hoy en día, la fragmentación y la competencia dentro del cuerpo de Cristo son uno de los mayores obstáculos para el avance del evangelio. Muchas veces el servicio se convierte en una plataforma para el lucimiento personal, en lugar de ser un medio para glorificar a Dios en conjunto. Sin embargo, cuando la iglesia vuelve a servir en unidad, experimenta un poder que va más allá de lo humano.

¿Estás sirviendo de una manera que promueva la unidad o que la obstaculice? Este capítulo nos invita a examinar el impacto que nuestro servicio tiene en la armonía del cuerpo de Cristo y a descubrir el poder que se desata cuando servimos como un solo equipo para la gloria de Dios.

La iglesia primitiva: un modelo de unidad

El libro de los Hechos nos ofrece una imagen poderosa de la unidad de la iglesia en sus primeros días. Hechos 2:44-47 describe cómo los creyentes estaban juntos y tenían en común todas las cosas, perseveraban unánimes en el templo y partían el pan de casa en casa. Esta unidad no era solo organizacional, sino espiritual y relacional.

La clave de esta unidad era su enfoque en Cristo. No estaban unidos alrededor de preferencias personales ni de intereses individuales, sino en la misión que Jesús les había dado: hacer discípulos. Esto les permitió superar diferencias culturales, sociales y hasta económicas.

Su servicio era colectivo. Ayudaban a los necesitados, compartían lo que tenían y apoyaban a los apóstoles en la obra del ministerio. Esta disposición generosa creó un ambiente de amor que atraía a más personas a la fe.

La unidad de la iglesia primitiva fue también un testimonio poderoso al mundo. Jesús había dicho que el amor entre sus discípulos sería la señal de que eran sus seguidores (Juan 13:35). Cuando el mundo vio la manera en que se servían unos a otros, no pudo ignorar la realidad del evangelio.

Además, la unidad fue la plataforma para el mover del Espíritu. Hechos 4:31 muestra que, después de orar unánimes, el lugar donde estaban tembló y fueron llenos del Espíritu Santo. La unidad crea un ambiente donde el poder de Dios se manifiesta.

La iglesia de hoy puede aprender mucho de este modelo. La unidad no es opcional; es un requisito para experimentar el poder y la multiplicación que caracterizaron a la iglesia en sus comienzos.

El poder multiplicador del servicio en equipo

Cuando servimos juntos, los resultados se multiplican. Eclesiastés 4:9-10 dice: "Mejores son dos que uno; porque tienen mejor paga de su trabajo. Porque si cayeren, el uno levantará a su compañero." Este principio se aplica no solo a la amistad, sino también al servicio en el Reino.

El trabajo en equipo permite que cada miembro aporte sus dones. 1 Corintios 12 describe el cuerpo de Cristo como un organismo en el que cada parte tiene una función. Ninguno es autosuficiente; necesitamos de la diversidad de dones para cumplir la misión.

El servicio en equipo también aligera las cargas. Cuando las responsabilidades se distribuyen, el agotamiento disminuye y el ministerio se vuelve más sostenible. Moisés aprendió esto cuando Jetro le aconsejó delegar responsabilidades a otros líderes (Éxodo 18:17-23).

Además, trabajar en equipo genera sinergia espiritual. Jesús prometió que donde dos o tres se reúnen en su nombre, allí está Él en medio de ellos (Mateo 18:20). Cuando un grupo sirve unido, la presencia de Dios se hace más evidente y poderosa.

El trabajo conjunto también fomenta el crecimiento personal. Al colaborar con otros, aprendemos paciencia, humildad y cooperación. Estas virtudes moldean nuestro carácter y nos hacen más semejantes a Cristo.

Finalmente, el servicio en equipo amplía el alcance de la iglesia. Ninguna persona puede llegar a todos, pero juntos podemos impactar comunidades enteras. La misión de la iglesia se cumple más efectivamente cuando todos aportan y participan.

Rompiendo las barreras que dividen

Uno de los mayores desafíos para el servicio en unidad es superar las barreras que dividen. Estas barreras pueden ser de tipo cultural, generacional, doctrinal o incluso personal. Efesios 2:14 dice que Cristo derribó la pared intermedia de separación, creando de ambos pueblos uno solo. Esto significa que en Cristo no hay lugar para divisiones.

Romper barreras requiere humildad. Filipenses 2:3-4 nos llama a estimar a los demás como superiores a nosotros mismos y a velar no solo por lo nuestro, sino también por lo de los otros. Esta actitud nos permite dejar de lado el orgullo que alimenta las divisiones.

El perdón es otra herramienta esencial para restaurar la unidad. Muchas divisiones persisten porque alguien guarda rencor. Efesios 4:32 nos insta a perdonarnos unos a otros como Dios nos perdonó. Sin perdón, no puede haber verdadera reconciliación.

La comunicación clara también es crucial. Muchas divisiones nacen de malentendidos. Santiago 1:19 nos aconseja ser prontos para oír, tardos para hablar y tardos para airarnos. Escuchar con empatía puede resolver conflictos antes de que se conviertan en divisiones profundas.

Romper las barreras que dividen también implica enfocarse en lo que nos une. Efesios 4:4-6 nos recuerda que hay un solo cuerpo, un solo Espíritu y un solo Señor. Cuando nos concentramos en estas verdades fundamentales, las diferencias pierden importancia.

Superar las divisiones no es fácil, pero vale la pena. Cada vez que se restaura una relación y se recupera la unidad, el testimonio de la iglesia se fortalece y el nombre de Cristo es glorificado.

El testimonio poderoso de una iglesia que sirve unida

Una iglesia que sirve unida se convierte en un testimonio viviente del evangelio. Jesús dijo en Juan 17:23 que la unidad de sus discípulos haría que el mundo creyera que Él fue enviado por el Padre. La unidad no es solo para beneficio interno; tiene un propósito evangelístico.

Cuando el mundo ve a una iglesia trabajando junta a pesar de las diferencias, se despierta la curiosidad. En un mundo dividido, la verdadera unidad es contracultural y llama la atención. Este es uno de los testimonios más convincentes que la iglesia puede ofrecer.

El servicio en unidad también produce un impacto visible en la comunidad. Cuando los creyentes se unen para suplir necesidades, restaurar familias y proclamar el evangelio, las ciudades son transformadas. Hechos 8:8 dice que después del ministerio de Felipe, hubo gran gozo en la ciudad. Ese gozo es el resultado del servicio unido.

Además, la unidad entre los creyentes trae paz y estabilidad dentro de la iglesia. Los conflictos internos son una de las razones por las que muchos se apartan. Cuando la iglesia es un lugar seguro donde reina la paz, las personas pueden crecer en su fe.

El testimonio de la iglesia unida también fortalece a los mismos creyentes. Saber que forman parte de un equipo los motiva a seguir sirviendo, incluso en tiempos de dificultad. La unidad genera sentido de pertenencia.

Por lo tanto, servir en unidad es un acto de obediencia y de evangelismo. Cada vez que trabajamos juntos, enviamos un mensaje poderoso: Cristo está vivo y nos ha hecho uno.

Perseverar en unidad hasta la venida de Cristo

La unidad no es un logro momentáneo, sino un compromiso que debe mantenerse hasta el final. Efesios 4:3 nos llama a "guardar la unidad del Espíritu en el vínculo de la paz." Guardar implica vigilar, proteger y trabajar activamente para que la unidad se mantenga.

Perseverar en unidad requiere paciencia. Habrá momentos de desacuerdo y tensión, pero la madurez espiritual nos impulsa a buscar reconciliación en lugar de división. Colosenses 3:13 nos llama a soportarnos unos a otros y perdonar.

También requiere visión a largo plazo. Entender que la unidad es parte del plan eterno de Dios nos motiva a no rendirnos cuando se presentan dificultades. La oración de Jesús en Juan 17 sigue siendo relevante hoy; su deseo es que seamos uno hasta que Él vuelva.

La perseverancia en unidad trae estabilidad a la iglesia. Una congregación unida puede resistir ataques externos y soportar pruebas. Como un ejército bien coordinado, permanece firme aun en tiempos de crisis.

Mantener la unidad también es una señal de madurez espiritual. Pablo dijo en 1 Corintios 3 que las divisiones son señal de inmadurez. Cuando una iglesia aprende a trabajar junta a pesar de las diferencias, demuestra que ha crecido en Cristo.

Finalmente, la perseverancia en la unidad nos prepara para la eternidad. En el cielo, viviremos en perfecta armonía. Cada esfuerzo que hacemos para mantener la unidad aquí es un anticipo de lo que disfrutaremos por siempre delante del Señor.

Conclusión

El poder del servicio en unidad es incalculable. No solo multiplica el impacto del trabajo del Reino, sino que glorifica a Dios y demuestra al mundo que el evangelio es real. Una iglesia unida es una iglesia poderosa, y una iglesia poderosa es una iglesia que transforma su entorno.

La unidad no sucede por accidente; debe ser cultivada intencionalmente. Requiere humildad, perdón, comunicación y un compromiso constante de trabajar juntos. Cada creyente tiene un papel en preservar esta unidad, y cada acto de servicio puede contribuir a fortalecerla o a debilitarla.

Este capítulo nos desafía a ser agentes de unidad, no de división. A servir de manera que nuestro ejemplo inspire a otros y muestre al mundo que Cristo es el centro. Perseveremos en la unidad hasta que Él vuelva, para que seamos hallados fieles y el nombre de Dios sea glorificado.

Preguntas de Reflexión

1. ¿De qué manera tu servicio promueve la unidad en el cuerpo de Cristo?

2. ¿Qué barreras personales o emocionales necesitas derribar para servir en unidad?

3. ¿Estás trabajando en equipo o tratando de hacerlo todo solo?

4. ¿Cómo puedes contribuir a que tu iglesia sea un testimonio de unidad para el mundo?

5. ¿Qué pasos prácticos puedes dar para perseverar en la unidad hasta la venida de Cristo?

Epílogo - Una Vida Transformada para Servir

Al llegar al final de estas páginas, es importante recordar que el verdadero objetivo de este libro no es solo impartir conocimiento, sino provocar transformación. Servir no es una actividad que hacemos para llenar un espacio en la agenda de la iglesia; es un estilo de vida que fluye de un corazón que ha sido tocado por la gracia de Dios.

El llamado de Cristo sigue siendo el mismo: "Sígueme." Y seguirle implica tomar la toalla del servicio y entregarnos por completo a la misión del Reino. Cada capítulo de este libro ha sido una invitación a revisar nuestras motivaciones, a renovar nuestro compromiso y a alinearnos con el corazón del Siervo por excelencia. Ahora es momento de tomar decisiones prácticas.

El mundo necesita ver creyentes que no solo hablen de Cristo, sino que lo reflejen a través de un servicio genuino, humilde y lleno de amor. Cuando cada miembro del cuerpo de Cristo asume su lugar y sirve con gozo, la iglesia se convierte en una luz imparable en medio de la oscuridad. Este es tu momento para marcar la diferencia.

No pospongas lo que el Espíritu Santo ha puesto en tu corazón. Comienza hoy mismo a aplicar lo que has aprendido. Busca oportunidades para servir, no esperes reconocimiento, y recuerda que el Padre que ve en lo secreto te recompensará en público. Vive de tal manera que tu legado inspire a otros a hacer lo mismo, hasta que podamos escuchar juntos las palabras: "Bien, buen siervo y fiel; sobre poco has sido fiel, sobre mucho te pondré; entra en el gozo de tu Señor."

Nota Pastoral para Líderes y Facilitadores

Querido líder, este libro no es solo para leer, sino para vivir y compartir. Cada capítulo ha sido diseñado para ser una herramienta de discipulado que puede transformar no solo a individuos, sino a congregaciones enteras. Mi deseo es que no lo veas como un material adicional, sino como una guía para formar siervos que entiendan que el servicio nace de un corazón transformado por Cristo.

Te animo a usar este recurso en grupos pequeños, entrenamientos de liderazgo y reuniones de formación ministerial. Lee los capítulos en comunidad, permitan que las preguntas de reflexión generen conversación profunda y asegúrense de dar espacio para la aplicación práctica de lo aprendido. El crecimiento ocurre cuando la Palabra se comparte, se medita y se vive en comunidad.

No tengas miedo de confrontar, animar y desafiar a tu equipo a crecer. La iglesia necesita siervos apasionados que sirvan con excelencia y en unidad. Ora antes de cada sesión, crea un ambiente de apertura y confianza, y observa cómo el Espíritu Santo usa estas verdades para renovar el fuego del servicio en tu congregación.

Si este libro logra despertar en tu gente un compromiso mayor con el servicio, habrá cumplido su propósito. Avancemos juntos hacia una iglesia que no solo predica el evangelio, sino que lo demuestra con manos dispuestas y corazones humildes.

Acerca del Autor

Diego A. Colón Batiz es un Obispo Ordenado y pastor principal de *Iglesia El Refugio* en Winter Haven, Florida, afiliada a la Iglesia de Dios. A lo largo de su ministerio ha servido en roles pastorales, educativos y de liderazgo regional, distinguiéndose por su pasión por la formación de creyentes y el fortalecimiento de la iglesia local. Su mensaje combina profundidad bíblica con aplicación práctica, buscando provocar transformación en la vida de cada lector y oyente.

Es autor de una serie de libros que forman un cuerpo coherente de enseñanza y discipulado:

- *El Precio del Llamado: Lo que Significa Seguir a Cristo*

- *El Ejército del Siglo 21: La Iglesia Armada para la Guerra Espiritual Moderna*

- *Guía de Navegación Espiritual: Manteniendo el Rumbo en el Camino de la Fe*

- *Arquitectura Bíblica: Un Enfoque Personal para Reconstruir tu Vida Espiritual*

- *El Mensaje Perdido: Restaurando el Corazón del Evangelio en la Iglesia de Hoy*

Con *Transformados para Servir: Viviendo el Llamado de Cristo en la Práctica Diaria*, el autor continúa esta trayectoria de formación espiritual, enfocándose en la necesidad de que cada creyente viva el servicio como un fruto natural de su transformación en Cristo.

Diego está comprometido en levantar una iglesia madura, apasionada por Dios y unida en su propósito. Casado y padre de familia, considera que su mayor llamado comienza en su hogar, donde procura modelar los valores de integridad, servicio y amor que enseña en sus libros y en el púlpito.

www.ingramcontent.com/pod-product-compliance
Lightning Source LLC
Chambersburg PA
CBHW081635040426
42449CB00014B/3315